ACCESO GRATIS ***a la Lectura en la Nube***

Para visualizar el libro electrónico en la nube de lectura envíe junto a su nombre y apellidos una fotografía del código de barras situado en la contraportada del libro y otra del ticket de compra a la dirección:

ebooktirant@tirant.com

En un máximo de 72 horas laborales le enviaremos el código de acceso con sus instrucciones.

DERECHO Y ECONOMÍA: DEBATES CONTEMPORÁNEOS

Segunda Edición
Volumen III

Procedimiento de selección de originales, ver página web:
www.tirant.net/index.php/editorial/procedimiento-de-seleccion-de-originales

DERECHO Y ECONOMÍA: DEBATES CONTEMPORÁNEOS

RUBÉN C. B. MÉNDEZ REÁTEGUI
EDITOR

PABLO J. CARRIÓN CARRIÓN
CARLOS URIBE PIEDRAHITA
JUAN MARTIN MORANDO
COORDINADORES

Colección colectiva de la Asociación Latinoamericana de Derecho y Economía (ALACDE), el Centro de Investigación Looking, la Universidad Autónoma de Chile y la Pontificia Universidad Javeriana de Colombia.

tirant lo blanch
Bogotá, 2024

En caso de erratas y actualizaciones, la Editorial Tirant lo Blanch publicará la pertinente corrección en la página web www.tirant.com.

Esta obra se adscribe a los proyectos y actividades de internacionalización realizadas de manera conjunta por la Red Iberoamericana de Investigación en Derecho, Economía y Periodismo, el Grupo de Investigación CONVERGENCIA organizados a través del Instituto de Investigación en Derecho (IDD), el Instituto de Investigación en Derecho (U. Autónoma de Chile) y el Departamento de Derecho Económico de la Universidad Javeriana de Colombia.

Derecho y economía: debates contemporáneos / Rubén C. B. Méndez Reátegui, editor; Pablo J. Carrión Carrión, Carlos Uribe Piedrahita, Juan Martín Morando, coordinadores. – Segunda edición. – Bogotá: Tirant lo Blanch, 2024.
Volumen 3 (164 páginas).
(Colección Serie Derecho Economía y Regulación).
Incluye referencias bibliográficas.
ISBN: 978-84-1056-574-6
1. Derecho y economía. 2. Bienestar social. 3. Insolvencia. 4. Derecho civil. I. Méndez Reátegui, Rubén C. B., editor. II. Carrión Carrión, Pablo J., coordinador. III. Uribe Piedrahita, Carlos, coordinador. IV. Morando, Juan Martín, coordinador.
LC: K129
CDD: 343.07 ed. 23

Catalogación en publicación de la Biblioteca Carlos Gaviria Díaz

EDITA: TIRANT LO BLANCH
Calle 11 # 2-16 (Bogotá D.C.)
Telf.: 4660171
Email: tlb@tirant.com
Librería virtual: www.tirant.com/co/
ISBN: 978-84-1056-574-6

Si tiene alguna queja o sugerencia, envíenos un mail a: *atencioncliente@tirant.com*. En caso de no ser atendida su sugerencia, por favor, lea en *www.tirant.net/index.php/empresa/politicas-de-empresa* nuestro procedimiento de quejas.

Responsabilidad Social Corporativa: http://www.tirant.net/Docs/RSCTirant.pdf

Índice

CAPÍTULO II
DERECHO PRIVADO Y ECONOMÍA. LA DOGMATIZACIÓN DEL ANÁLISIS ECONÓMICO DEL DERECHO

CAPÍTULO III
DERECHO Y EMPRESA. REGLAS PARA LA INSOLVENCIA Y EL REEMPRENDIMIENTO: SOBRE LA REFORMA A LA LEY N° 21.536

CAPÍTULO IV
POLÍTICA DE LIBRE COMPETENCIA. CONSIDERACIONES PRÁCTICAS PARA LA PROMOCIÓN DE LA LIBRE COMPETENCIA: UNA REVISIÓN PRELIMINAR DESDE COLOMBIA, CHILE Y ECUADOR

CAPÍTULO V
DERECHO, EDUCACIÓN FINANCIERA Y CONSUMO. EDUCACIÓN FINANCIERA Y ASIMETRÍA DE LA INFORMACIÓN: UN ESBOZO PRELIMINAR

CAPÍTULO VI
DERECHO, ECONOMÍA Y JUSTICIA. EL CONSECUENCIALISMO DE LAS DECISIONES JUDICIALES Y LAS NORMAS JURÍDICAS

A la Asociación Latinoamericana de Derecho y Economía (ALACDE)
en su 26 Aniversario

A la Pontificia Universidad Javeriana de Colombia (Bogotá y Cali)

A la Universidad Autónoma de Chile

Al Instituto de Investigación en Derecho–IDD

Al Centro de Investigación LOOKING

Agradecimiento

La Universidad Autónoma de Chile, el Instituto de Análisis Económico del Derecho de la Universidad de Palermo, la Asociación Latinoamericana de Derecho y Economía (ALACDE), la Pontificia Universidad Javeriana de Colombia y la Universidad Católica Santiago de Guayaquil, dando un paso adelante en las discusiones derivadas de un contexto post COVID-19, escenario que a todas luces reclama el pronunciamiento de entidades académicas y científicas a nivel mundial, hacen presencia con este tercer volumen, producto de un proceso continuo de internacionalización (redes de investigación) y trabajo en equipo con carácter generativo, agradecen:

A los autores por la iniciativa y la disciplina en la construcción científica de temas actuales y sensibles de la realidad y el entorno jurídico latinoamericano.

A los evaluadores ciegos, que con sus recomendaciones fomentaron y aportaron a la rigurosidad científica del libro.

A Ronald Thaler Toro Huilcapán e Ivannier Paz Hermosilla Illanes de la U. Autónoma de Chile por su colaboración como asistentes de investigación y editoriales.

Estamos seguros de que este libro, además de constituir un homenaje a las y a los investigadores en Derecho y Economía, será del agrado de los lectores.

JUAN MARTIN MORANDO
Director
Instituto de Investigación en Análisis Económico del Derecho
Universidad de Palermo, Argentina

PABLO CARRIÓN CARRIÓN
Coordinador del Vol. III, Derecho y Economía: Debates Contemporáneos
Docente titular de la Universidad Católica Santiago de Guayaquil

Prólogo

El libro que prologamos, intitulado "Derecho y Economía: Debates Contemporáneos" Segunda Edición, Vol. III, al igual que sus predecesores, constituye una obra integral e interdisciplinaria que debe considerarse de gran interés y excelencia, escrita con prolijidad por sus autoras y autores, quienes ofrecen un análisis desde el punto de vista de la intersección entre Derecho y Economía.

Así, como lo mencionamos anteriormente "en este volumen los trabajos incorporados no pierden el foco y en su propuesta de análisis y comprensión temática, nos invitan a considerar que pareciera que los fenómenos económicos se deben regular con una mirada más dirigida a la naturaleza del comportamiento humano."

Finalmente, este tercer volumen nos permite confirmar que, "los tiempos actuales no han sepultado al Derecho y Economía, sino más bien esta herramienta se ha reinventado haciéndose partícipe de las discusiones doctrinarias que aplican a los institutos jurídicos una funcionalidad conmutativa, correctiva y/o distributiva".

Por lo tanto, nunca olvidemos que, "el Derecho y Economía se preocupa por facilitar la identificación de la ruta —desde el Sur Global con toda su fragilidad y fortalezas— que permita a nuestras sociedades generar el mayor bienestar social posible y esta preocupación se encuentra del todo vigente en nuestras economías catalogadas aún como emergentes y transicionales".

TATIANA DANGOND AGUANCHA

Directora General de Tirant lo Blanch – Colombia

PRELUDIO A LA SEGUNDA EDICIÓN (VOLUMEN III)

El libro *Derecho y Economía: Debates Contemporáneos*, en su tercer volumen, representa un esfuerzo encomiable, que se centra en los aportes del Derecho y Economía entendido en un sentido transversal a las ciencias jurídicas. Los capítulos que componen este libro en su demuestran que, en nuestra región es posible hacer buena investigación cuantitativa y cualitativa. El éxito de la aplicación de la lógica económica al derecho se basa en que la economía ofrece, como se señala en este libro, una ciencia del comportamiento humano. Una ciencia que permite estimar resultados derivados de la acción y el comportamiento humano y que dada su esencia debe estar ligada al derecho, que se enfoca en la generación de los constreñimientos institucionales de dicho comportamiento.

Sin embargo, el postulado previo no es pacífico y genera un debate extenso y prolijo. En ese orden de cosas, podemos elucubrar que, la resistencia a utilizar este tipo de enfoques a pesar de su innegable valor y sustancia académico y científico para el análisis y formulación de instrumentos para la gobernanza social se puede analizar desde dos perspectivas principales. La primera se sustenta en sus orígenes, y ella era de dos clases. Se originó en una mirada muy crítica de la economía al derecho, tanto desde una perspectiva de la coherencia, como desde la eficacia. La segunda y tal vez la más interesante proviene de otras ciencias sociales como la psicología aplicada.

A partir del último señalamiento, también es posible sostener que el ser humano actúa con lo que podríamos denominar una racionalidad limitada, es decir, si bien las personas no toman necesariamente decisiones recurriendo a un análisis costo-beneficio matemático, lo cierto es que recurriendo a la ley de los grandes números, es posible anticipar el comportamiento de la mayoría de las personas. Pero, además, es posible enriquecer el Derecho y Economía, incorporando predictores de comportamiento desde otras ciencias sociales. Ello precisamente es lo que ha dado lugar al *Behavior Law and Economics.* En segundo lugar, el acercamiento que se puede hacer desde el Derecho y Economía a la Ciencia Jurídica puede ser normativo y positivo. Este acercamiento primigenio no tiene mayores inconvenientes, desde que se analiza si una norma o sentencia incentiva o genera *beneficio social.*

Además, cada una de las secciones del libro destaca por adherirse al paradigma normativo por el cual se trata de construir la mejor sociedad posible, o la que genera el máximo bienestar. Ciertamente, en ellos también se han incorporado criterios de justicia, como el que derivan del análisis de las externalidades negativas o el mejoramiento de los tribunales de la justicia. La otra aproximación que no puede dejarse de lado es la positiva y esta ha sido objeto de críticas a pesar de constituir una poderosa herramienta para la solución de controversias. Así resulta claro que la obra se ha preocupado por abarcar la funcionalidad conmutativa, correctiva o distributiva del Derecho sin abandonar atisbos de una importante dogmática comparada.

Para finalizar, es especialmente valioso porque aborda aspectos concretos, que mejorarán la vida de las personas, y el funcionamiento de las instituciones, aspectos de mayor importancia en la mayoría de las sociedades.

CARLOS URIBE PIEDRAHITA
Director del Departamento de Derecho Económico.
Pontificia Universidad Javeriana de Colombia

Consideraciones preliminares

Todo sistema jurídico incorpora normas, principios y valores sociales, culturales, económicos, políticos, aquellos que una comunidad política elige como esenciales para fundar sus instituciones. Se afirma entonces que estos tienen una relación estrecha con la forma de administración del poder, sus limitaciones, y el reconocimiento de los derechos de las personas.

Además, los asuntos económicos y sociales presentes en los sistemas jurídicos presentan una tesitura más compleja, incorporándose, por ejemplo, perspectivas del derecho económico, de herramientas como el Derecho y Economía en sus distintos formatos y variaciones y, finalmente, el derecho comparado además de derecho nacional.

Por lo tanto, resulta pertinente una exploración jurídico-económica como la propuesta en este tercer volumen de la obra *Derecho y Economía: Debates Contemporáneos*, mucho más si esta es resultado de un trabajo coordinado y unívoco que agrupa a varios de los más destacados investigadores e investigadoras en la materia a nivel internacional y, en particular, de nuestra región reagrupados a través de la Asociación Latinoamericana de Derecho y Economía (ALACDE).

En ese orden de ideas, en su Capítulo I y siguiendo lo establecido por sus autores, el libro inicia "describiendo la naturaleza fundamentalmente política y filosófica de la función de bienestar social y la decisión de configurar las preferencias individuales", además, "se estudia el efecto de cambiar las preferencias de los individuos dadas dos funciones de bienestar social diferentes: 'utilitarista' y 'atomista' y, finalmente, se "explora los beneficios de utilizar la ley para moldear los compromisos morales de los individuos, en lugar de sus preferencias".

El Capítulo II se propone abordar al Análisis Económico del Derecho (AED) como un criterio válido para la aplicación del Derecho Privado, especialmente, respecto del derecho de los contratos y del consumo en países de Derecho Continental, como Chile y Colombia. También se aduce en este capítulo que el AED fija las bases para la aplicación coherente de otras concepciones del Derecho. Finalmente, determina que los derechos fundamentales se aplican al Derecho privado de forma excepcional, como un criterio corrector de éste o de aplicación excepcional y/o preferente.

El Capitulo III tiene como objetivo general abordar algunas ideas que inspiran y avalan la promoción de la regulación de la insolvencia de las personas naturales en su sentido general y descriptivo. Asimismo, se enfoca en a) los procedimientos reorganizativos y liquidatorios que la reciente legislación pone a disposición del insolvente vigente desde julio de 2023, b) comprender las consecuencias de la insolvencia en la persona física, y c) compartir ideas inspiradas en prevenir la insolvencia de aquellas.

El Capitulo IV revisa algunos lineamientos que subyacen detrás de la promoción como la defensa de la libre competencia en un sentido general y descriptivo. Asimismo, describe aspectos como a) la incidencia legal que tiene la oportunidad de elevar el bienestar de los consumidores y como se expresa en países como Colombia Chile y Ecuador; y b) compartir ideas inspiradas en la lógica de la eficiencia total en los mercados. En ese orden, este aporte se estructura a partir de cuatro apartados y abarca las experiencias de los países mencionados.

El Capítulo V destaca y se enfoca en explorar —de manera preliminar— en torno a aspectos convergentes como a) la importancia de contribuir en la protección de los consumidores, b) la promoción de la educación financiera, c) a mejora en los mecanismos de resolución de conflictos y en la estabilidad, y d) el desarrollo sostenible del sistema económico a nivel país

El Capítulo VI gira en torno al argumento, validado empíricamente, que las decisiones judiciales y las normas jurídicas importan y generan fuertes consecuencias y externalidades. En palabras de su autora, "esto significa que generan impactos inconmensurables y muchas veces imprevistos: aquellos a los que la ley y el magistrado pretendían 'proteger' acaban siendo los más perjudicados, por no hablar de los efectos nocivos sobre la sociedad en su conjunto."

Salvados esos asuntos metodológicos, cabe mencionar que los autores que han participado en este libro colectivo han redactado los diferentes capítulos orientados hacia los procesos de reforma jurídico-económico, particularmente el que se está llevando en Latinoamérica. Por ello, todos los autores han contribuido con trabajos originales. Los especialistas que han sido invitados pertenecen a aquellos países que Chile usualmente considera en sus políticas públicas, o que se observan con especial atención por parte de nuestros órganos públicos, asesores y académicos.

Quisiéramos finalmente destacar el aporte de todos estos grandes especialistas y agradecerles enormemente su generosa participación en este libro. Además, manifestar el deseo para que este Tercer Volumen sea de utilidad para abogados, profesores universitarios y estudiantes de postgrado, asesores de gobiernos y parlamentos, y especialmente, para quienes participan en procesos de reformas constitucionales y particularmente el que se lleva a cabo en Latinoamérica durante este año 2023 y siguientes.

JUAN MARTIN MORANDO
Director
Instituto de Investigación en Análisis Económico del Derecho
Universidad de Palermo, Argentina
PABLO CARRIÓN CARRIÓN
Coordinador del Vol. III, Derecho y Economía: Debates Contemporáneos
Docente titular de la Universidad Católica Santiago de Guayaquil

Preliminar científico

Del concepto de consumidor al concepto de consumidor hipervulnerable: el caso chileno y colombiano

LAURA CATHERINE IBARRA
RUBÉN MÉNDEZ REÁTEGUI

INTRODUCCIÓN

Con el objetivo de dar apertura a las discusiones que se presentan en este libro y tomando como ejemplo al derecho del consumidor y su caracterización como un derecho colectivo, en donde prima el interés general sobre el interés particular, por lo tanto, en principio, se justifica discurrir sobre como trasciende examinar escenarios que suponen la intervención del Estado.

Esta consideración de partida se puede enfocar mediante múltiples interrogantes específicas, y para el derecho del consumo supone trasladarnos al problema que la doctrina circunscribe a través de la siguiente pregunta *¿Cómo aplicar de manera óptima el concepto de consumidor hipervulnerable de tal forma que se proteja al consumidor "simple" y se garantice la estabilidad del mercado?*

Entonces, esta pregunta surge de la necesidad de entender la interacción entre Estado y Sociedad y como esta puede resultar relevante y conllevar el ejercicio de la aplicación del concepto de consumidor hipervulnerable, pues en palabras de Noveck (2022), es necesario entender el porqué de la necesidad de la intervención del Estado en una materia determinada para encontrar la solución adecuada a un problema.

Bajo este parámetro y para responder a esta inquietud u otras, en línea con el ejemplo introducido, se advierte que en Derecho existe la necesidad de implantar nociones, aproximaciones teóricas y/o metodológicas que nos permitan afrontar los paripés de un área del conocimiento preocupada por constreñir conducta humana acorde a estándares o mínimos tolerables, es decir, estadios que supongan el menor costo social y/o el menor impacto posible de externalidades negativas.

Además, este estudio preliminar se plantea desde un enfoque cualitativo y tiene una aspiración preliminar, en la medida que no persigue proponer un examen profundo de potenciales respuestas a problemas públicos (Noveck, 2022) que son abordados por el libro y que suponen la falta de sintonía entre oferentes y demandantes y que ha ocasionado que el derecho económico (púbico y privado) se bifurque y permita el surgimiento y la consolidación de numerosas ramas autónomas.

Así pues, si se tiene en cuenta que los estados han optado por aplicar el concepto de consumidor hipervulnerable, se necesita saber si tal solución funciona para proteger al grupo poblacional que se categoriza como "*vulnerable*", sin generar una desprotección a aquel grupo que no alcanza dicha categoría y que, *per se,* se encuentra en estado de debilidad frente a productores y/o proveedores, como lo son los consumidores "*simples*", sumado al hecho de comprender si con esta nueva categoría, los estados consiguen cumplir con su función de protección al mercado.

Por ello, en primer lugar, en este aporte se esgrimirán algunas ideas sobre la noción de consumidor hipervulnerable. En segundo lugar, se compararán los sistemas jurídicos de Chile y Colombia en materia de Derecho de Derecho del Consumidor: Desarrollo histórico del derecho del consumidor, fuentes del derecho, sistema judicial, judicatura e instituciones, a fin de conocer el estado de la regulación actual en torno a la materia. También se identificarán las reglas desarrolladas por Colombia y Chile para aplicar el concepto de consumidor hipervulnerable bien sea a través de la política pública adoptada por cada estado, la normatividad aplicable o los casos estudiados por las autoridades de protección al consumidor.

Finalmente, dado que este escenario puede ser caracterizado cualitativamente como un problema público, puede ser coadyubado con el uso de inteligencia artificial (IA) y otras herramientas que aporten valor, a fin de esbozar y dejar sentado un antecedente de otros estudios que giren en torno a si el impacto de la intervención del estado en esta materia genera efectos positivos o si, por el contrario, es necesario modificar la solución propuesta por los estados para evitar daños y conseguir un mayor bien social (Noveck, 2022, p. 299), con lo cual se determinaría la manera óptima (viable y funcional) de implantar el concepto de consumidor hipervulnerable en Chile y Colombia.

1. SOBRE LA NOCIÓN DE CONSUMIDOR HIPERVULNERABLE

Acorde a los enfoques contemporáneos y prevalecientes en materia de derecho de consumo, el concepto de consumidor hipervulnerable parte de la base de que existen agentes de mercado que se encuentran en mayor desventaja, suponiendo la prevalencia de un contexto de mayor o menor riesgo, un escenario asimétrico u otros relevantes, dentro de la relación productor y/o proveedor – consumidor y de la insuficiencia de la noción de consumidor "simple" para enfrentar dicho problema.

Por lo tanto, la doctrina mayoritaria esgrime que sí se encuentra justificada la intervención del Estado en este asunto y, en ese sentido, resulta oportuno determinar si la forma en que está intervención se ha materializado es razonable (solución de compromiso o moral) y/o racional (costo-beneficio v. costo-efectividad) y, en caso de no serlo, supone un justificativo para encontrar la mejor forma o la forma óptima de intervención al tratarse de un problema público.

Entonces, aparece la ocasión para presentar una discusión que, como las otras que son compartidas en este libro se fundan en el concepto de costo de oportunidad o dicho de otra forma que llevan a poner en entre dicho que la intervención del Estado favorezca a la generación de una estructura de incentivos (marco institucional) que apunte a aproximarnos a un equilibrio sustentable y armonice el "legítimo interés" de la ciudadanía y su convergencia con la complejidad que supone un proceso de mercado entendido en términos de "*long run performance*".

Ciertamente, la preocupación en Derecho por comparar los sistemas jurídicos de países con economías en transición (ej.: Chile y Colombia) se encuentra en pleno apogeo y conlleva un experimento analítico que supone entender aspectos como el desarrollo o devenir histórico del derecho (del consumidor), sus fuentes, sistema de enforzamiento (judicial u otros), Además, identificar las reglas vigentes y la manera de establecer la manera más viable y funcional de "implantar" un cambio que aspire a mejoras expresas y sostenibles.

2. COLOMBIA Y CHILE: COMPARANDO "SISTEMAS"

La noción del Derecho del Consumidor se presenta como una alternativa a la aplicación de las normas de Derecho Civil (Velandia, 2011, p. 421), en consideración al desarrollo de las actividades comerciales privadas y a la asimetría que se presenta entre oferentes —productores y/o proveedores— y aceptantes —consumidores— (SIC, *sf*, p. 7). De allí que, los sistemas jurídicos hayan incorporado una regulación encaminada a corregir dichas asimetrías, en procura del bienestar de los consumidores y de la estabilidad del mercado, bien sea a través de instituciones, normas, políticas públicas y demás, llegando incluso a que la protección de los consumidores se revista de rango constitucional en diferentes países (Peña y Martínez, 2018).

Colombia, por su parte incorporó una protección especial a los consumidores a través de la Ley 73 de 1981 y el Decreto 3466 de 1982, ambas expedidas a la luz de la Constitución Política de 1886. La Ley 73 de 1981 tuvo como objeto dictar normas encaminadas a controlar la distribución o venta de bienes y servicios, así como a la imposición de sanciones a quienes vulneraran sus disposiciones y el Decreto 3466 de 1082, conocido como el "Antiguo Estatuto del Consumidor" estableció un sistema de normas encaminado a reconocer derechos y deberes de consumidores y empresarios, algunas herramientas procesales para hacer efectivos los derechos y la obligatoriedad de crear una cultura de consumo responsable a través de la educación y programas de información (SIC, *s.f.* p. 8). Dicha legislación, robusteció el sistema normativo encaminado a corregir las fallas del mercado y garantizar su estabilidad, pues para ese entonces normas como la Ley 155 de 1959 ya regulaban los acuerdos o convenios que limitaran la producción, abastecimiento, distribución o consumo de productos, materias primas, mercancías y demás, con el fin de limitar la libre competencia y mantener o determinar precios inequitativos, que en última instancia no solo vulneran la libre competencia sino también el bienestar de los consumidores.

Con la reforma del estado, consolidada en 1991, fue posible introducir la protección de los consumidores como un derecho de rango constitucional y colectivo. Así pues, el artículo 78 de la Constitución Política de 1991 estableció (i) la regulación del control de calidad de bienes y servicios, así como la información que debe suministrarse al público en su comercialización; (ii) la responsabilidad de quienes produzcan y comercialicen bienes y servicios que atenten contra la salud, la seguridad y el adecuado aprovisionamiento a consumidores y usuarios y; (iii) la garantía en la participación de las organizaciones de consumidores y usuarios en el estudio de las disposiciones que les conciernen.

Sin embargo, solo hasta 2011 se actualizaron las normas de derecho del consumo en Colombia, tras la expedición de la Ley 1480 de 2011, conocido como el "Nuevo Estatuto del Consumidor", que desarrolla ampliamente el contenido del artículo 78 de la Constitución Política de 1991, consagra una serie de derechos, deberes, acciones tanto administrativas como jurisdiccionales en favor de los consumidores (Pacheco, 2023, p. 243) y, además, establece una serie de principios generales, de los cuales se destacan dos: (i) *"El acceso de los consumidores a una información adecuada, de acuerdo con los términos de esta ley, que les permita hacer elecciones bien fundadas"* y (ii) *"La protección especial a los niños, niñas y adolescentes, en su calidad de consumidores (...)"* (Ley 1480 de 2011, artículo 1).

Como bien lo expresa el Grupo de Trabajo sobre la Protección de las y los Consumidores en Entornos Digitales adscrito a la Organización de Estados Americanos (p. 15), si bien *"dentro del ordenamiento jurídico colombiano no existe una definición expresa y propiamente dicha de "consumidor hipervulnerable" o "consumidor vulnerable"*; de los principios establecidos en el Estatuto del Consumidor y el Decreto 975 de 2014 que reglamenta el contenido y la forma en que se debe presentar la información y publicidad dirigida a niños, niñas y adolescentes en su calidad de consumidores, así como de la gama de derechos consagrados en la Constitución Política de 1991 *"es posible asignar una protección especial a los niños, niñas y adolescentes, así como a los adultos de la tercera edad, por su condición de especial vulnerabilidad al momento de actuar como consumidores"* (OEA, *sf*, p. 15). Por ello, la Superintendencia de Industria y Comercio (SIC), autoridad encargada de promover y proteger los derechos de los consumidores en Colombia, a través de la Dirección de Investigaciones de Protección al Consumidor, ha adoptado recientes decisiones en las que se desarrolla la categoría de consumidor hipervulnerable y en las cuales se abandera como objetivo el que *"las relaciones de consumo operen de manera que permitan la efectividad de las garantías y disposiciones legales existentes, y garanticen el libre ejercicio de los derechos de los consumidores"* (López, 2023).

Chile por su parte, establece los derechos y obligaciones para consumidores y empresas a través de la Ley 19.496, también conocida como la "Ley de Protección de los Derechos de los Consumidores" (LPC); sin embargo, de acuerdo con López (2022), ninguna de las modificaciones realizadas a la Ley 19.496 incorpora la noción de consumidor hipervulnerable pues, si bien la última reforma efectuada por la Ley 21.398 incorporó la adaptación de los contratos de adhesión a consumidores con discapacidad visual o auditiva, lo cierto es que no existe una definición concreta de la categoría de consumidor hipervulnerable en la norma. Por ello, el debate se basa en si realmente se justifica la adopción de dicha categoría.

Ante las dificultades en cuanto a criterios de determinación y sustento normativo, el Servicio Nacional del Consumidor (SERNAC), autoridad en materia de protección al consumidor, publicó la Resolución Exenta No. 001038 de 31 de diciembre de 2021, que aprueba la Circular Interpretativa sobre Noción de Consumidor Hipervulnerable, en donde se destaca que la hipervulnerabilidad del consumidor ha sido objeto de protección en países como España, Argentina, Brasil y Perú. Además, destaca que, en el Foro Iberoamericano de Agencias Gubernamentales de Protección al Consumidor, los estados miembros proporcionaron elementos que sirvieron para la definición del concepto de consumidor vulnerable, el establecimiento de procedimientos específicos de gestión de reclamos, programas y medidas dirigidas a este tipo de consumidores.

Dentro de la Resolución en comento, el SERNAC argumenta que la distinción de consumidor hipervulnerable se exacerbó con la pandemia del covid-19, pues *"bajo ciertos supuestos, la protección otorgada a los consumidores no es suficiente"* (Resolución Exenta No. 1038, 2021) y que el reconocimiento de la categoría de consumidor hipervulnerable no implica o genera un perjuicio a aquellos consumidores que no se encuentran en una situación de hipervulnerabilidad, puesto que *"se trata de una acción positiva que busca corregir, y no acentuar, el desequilibrio existente entre proveedores y consumidores"* (Resolución Exenta No. 1038, 2021).

Ahora, comoquiera que el desarrollo del concepto de consumidor hipervulnerable en Colombia y en Chile implica una implantación de una nueva categoría desarrollada por el derecho europeo, vale la pena destacar que la clasificación de consumidor vulnerable o hipervulnerable deviene de *"la noción de vulnerabilidad endógena y hace referencia a un grupo heterogéneo de personas compuesto por aquellas consideradas de forma permanente como tales por razón de su discapacidad, la que puede ser mental física o psicológica, su edad, su credulidad o su género"* (Hernández, 2015, p. 21).

Frente a esta situación, Chile ha establecido unos criterios diferenciadores que permiten delimitar quienes se encuentran dentro del marco de la hipervulnerabilidad, destacando que ésta no tiene un carácter permanente y estático, sino que atiende a factores internos y externos. Por lo tanto, clasifica los criterios de la siguiente manera:

1. *Criterio endógeno o permanente:* Referido al género, orientación sexual, capacidad económica, nivel educacional y/o poder de negociación, discapacidad física, psicológica o psíquica, entre otros.
2. *Criterio circunstancial:* Consumidores que se vuelven vulnerables en determinados mercados, debido a sus características personales como el sexo, la edad, etnia y tipo de educación. Ejemplo de ello son las mujeres en el sistema previsional, personas sin conocimiento financiero y adultos mayores en mercados tecnológicos.
3. *Criterio situacional:* Consumidores que, en determinadas circunstancias, por motivos contingentes, se encuentran más expuestos a sufrir vulneraciones. Ejemplo de ello son los enfermos en el sistema de salud o turistas en centros vacacionales. Frente a este criterio, se precisa que su aplicación dependerá de los conocimientos, capacidades y/o experiencias particulares de cada consumidor (Resolución Exenta No. 1038, 2021).

Así pues, dado que, para Colombia y Chile, se trata de la incorporación de un nuevo concepto, surge la necesidad de cotejar e identificar semejanzas y diferencias entre el desarrollo y aplicación de la hipervulnerabilidad del consumidor en ambos países, a fin de generar un análisis crítico frente a la viabilidad y funcionalidad de la implantación del concepto de consumidor hipervulnerable, más aún cuando, la experiencia en otros países, de acuerdo con la literatura sobre el tema, permite identificar una serie de problemáticas en torno a la aplicación del concepto de hipervulnerabilidad del consumidor, entre las que de destacan: (i) la aplicación preferente de un estándar protectorio en relación a consumidores con vulnerabilidad agravada o hipervulnerabilidad, arriesgando la *"vulnerabilidad simple" que es el sostén conceptual o axiomático de todo estatuto protectorio especial"* (Rusconi, 2020), desplazando arbitrariamente a los consumidores que no enfrentan o padecen situaciones de doble vulnerabilidad y (ii) la repercusión de este tipo de decisiones en los mercados tradicionales y en los mercados digitales, en donde temas como el *big data* exacerba la asimetría entre productores y/o proveedores y consumidores (Zhe Jin, G. y Wagman, L, 2020).

CONCLUSIONES

Tanto Colombia como Chile han establecido los criterios generales de identificación que permiten aplicar la noción de consumidor "hipervulnerable", esto, atendiendo a la implantación de las reglas preestablecidas en la Unión Europea y bajo los principios y derechos reconocidos en sus propias constituciones.

Sin embargo, se recuerda que en línea con el *mainstream* doctrinal, el Estado constituye un constructo jurídico-político que cumple distintos roles, y de ellos se destaca que el garantizar seguridad jurídica y normativa a los agentes que participan en el mercado a través de un marco de intervención razonable y racional, que es necesario para no generar barreras de entrada o de permanencia en el mercado.

En esa medida, se ha argumentado que puede identificarse una justificación para "una acción positiva por parte del Estado" frente a un grupo poblacional que se considera doblemente vulnerable, como es el caso del consumidor "hipervulnerable", puede resultar incipiente si no se aplica de forma adecuada, e incluso puede llegar a desincentivar la participación de los agentes en el mercado. De allí que, la búsqueda de una solución óptima se debe centrar en el equilibrio entre la protección de los consumidores catalogados como "hipervulnerables", los consumidores "simples" y el ejercicio de la libre empresa y competencia.

Capítulo I

Teoría General del Derecho Economía y función expresiva[1]

MICHAEL D. GILBERT[2]
ANDREW T. HAYASHI

INTRODUCCIÓN

¿Necesitan los buenos ciudadanos buenas normas? Se podría suponer que la respuesta es no[3]. Si los ciudadanos carecieran de "gustos" como la animadversión, la envidia y la codicia (preferencias antisociales), y si poseyeran gustos como la simpatía, la compasión y la caridad (preferencias prosociales), entonces muchas normas jurídicas con rango legal parecerían superfluas. Los buenos ciudadanos no cometen asesinatos, no conducen borrachos ni roban joyas, por lo que el Estado no debería tener que prohibir

---

1 En su primera versión en inglés este capítulo fue propuesto y defendido en una conferencia en honor al profesor Robert Cooter titulada "Cómo la ley cambia lo que quieres: efectos positivos y normativos de la ley sobre valores y preferencias", Facultad de Derecho de Berkeley, febrero de 2020.

2 Los autores agradecen a Jennifer Arlen, Jonah Gelbach, Alon Klement, Saul Levmore, Mike Livermore, Greg Mitchell, Ariel Porat y otros participantes de la conferencia por sus útiles comentarios. Asimismo, a Thomas Langstaff por su excelente asistencia en la investigación. Esta versión ha revisada y constituye un aporte original de los autores al tercer volumen de la segunda edición de la obra Derecho & Economía: Debates Contemporáneos.

3 Las normas que coordinan el comportamiento son una excepción. Incluso los buenos ciudadanos pueden tener dificultades para coordinarse en asuntos como el tráfico (¿quién cede el paso?), y la ley puede ayudar. Véase, en general, RICHARD H. MCADAMS, THE EXPRESSIVE POWERS OF LAW: THEORIES AND LIMITS (2015).

esas actividades. Las buenas preferencias deberían tender a promover la cooperación,[4] reducir los costes de aplicación,[5] aumentar el bienestar social,[6] y quizás eliminar por completo la necesi-

---

4 *Véase, por ejemplo,* Robert D. Cooter, *Decentralized Law for a Complex Economy: The Structural Approach to Adjudicating the New Law Merchant,* 144 U. PA. L. REV. 1643, 1675 (1996) ("[L]as personas que interiorizan una norma comercial provocan una mayor cooperación en una comunidad [...]"); Robert Axelrod, *An Evolutionary Approach to Norms,* 80 AM. POL. SCI. REV. 1095 (1986) (explica la evolución de las normas de cooperación, incluidas las normas internalizadas como preferencias); EDNA ULLMANN-MARGALIT, THE EMERGENCE OF NORMS (1977) (argumenta que las buenas normas, que pueden internalizar como preferencias, promueven la acción colectiva); David P. Gauthier, *Morality and Advantage,* 76 PHIL. REV. 460 (1967) (argumenta que la buena moral promueve la acción colectiva).

5 *Véase, por ejemplo,* Richard A. Posner, *Social Norms, and the Law: An Economic Approach,* 87 AM. ECON. REV. 365, 366 (1997) ("La internalización de las normas a través de la habituación puede parecer muy eficiente porque reduce el coste del cumplimiento"); GARY S. BECKER, ACCOUNTING FOR TASTES 225 (1996) ("La honestidad, por poner un ejemplo, reduce enormemente la necesidad de gastar recursos... en la protección de la propiedad [...]"); DENNIS CHONG, COLLECTIVE ACTION AND THE CIVIL RIGHTS MOVEMENT 69 (1991) ("[L]a conciencia bien entrenada es el mejor policía").

6 *Véase, por ejemplo,* Louis Kaplow y Steven Shavell, *Fairness Versus Welfare,* 114 HARV. L. REV. 961, 1349 (2001) ("[A]doptar políticas contrarias a las preferencias actuales de algunos individuos puede cambiar estas preferencias y, a largo plazo, el bienestar social puede aumentar como resultado"); *Id.* at 1349 n.941 ("[C]ultivar preferencias positivas más fuertes que tengan en cuenta a los demás... tiende a ser socialmente valioso [...]"); Richard H. McAdams, *Relative Preferences,* 102 YALE L.J. 1, 80 (1992) ("Probablemente la sociedad sigue estando mejor con las normas contra la envidia y la gratificación relativa de lo que estaría sin ellas"); CASS R. SUNSTEIN, AFTER THE RIGHTS REVOLUTION: RECONCEIVING THE REGULATION STATE 67 (1990) (describe escenarios en los que el cambio de preferencias podría promover el bienestar); ALFRED MARSHALL, PRINCIPLES OF ECONOMICS 181-82 (1890) ("Sería una ganancia si el sentimiento moral de la comunidad pudiera inducir a la gente a evitar todo tipo de exhibición de la riqueza individual").

dad de la mayoría de las normas. Como escribió Madison, "[s]i los hombres fueran ángeles, no sería necesario ningún gobierno"[7].

Dados los aparentes beneficios, los gobiernos podrían querer "mejorar" las preferencias de los ciudadanos, por ejemplo, animándolos a preocuparse por el bienestar de sus conciudadanos o por el daño que sus actividades imponen a los demás. ¿Cómo hacerlo? La educación es una opción, pero la ley puede ser otra. Según Aristóteles, las normas jurídicas (leyes) exitosas "hacen bueno al ciudadano inculcándole hábitos"[8]. Un economista podría interpretar la afirmación de Aristóteles como una declaración sobre la capacidad de la ley para cambiar a mejor las preferencias de las personas. Muchos estudiosos han formulado este argumento[9]

---

7 JAMES MADISON, EL FEDERALISTA nº 51, 264 (ed. Ian Shapiro, 2009).

8 ARISTÓTELES, ÉTICA A NICÓMACO 34 (Martin Ostwald trans., 1962) ("Los legisladores hacen buenos a los ciudadanos inculcándoles hábitos, y éste es el objetivo de todo legislador; si no lo consigue, su legislación es un fracaso").

9 Para algunos ejemplos recientes, véase, Robert Cooter, Expressive *Law and Economics,* 27 J. LEGAL STUD. 585, 603-06 (1998) [en adelante Cooter, *Expressive*] (donde se argumenta que la ley puede cambiar las preferencias); Robert Cooter, *Models of Morality in Law and Economics: Self-Control and Self-Improvement for the "Bad Man" of Holmes,* 78 B.U. L. REV. 903, 924-27 (1998) (lo mismo); Kenneth G. Dau-Schmidt, *Legal Prohibitions as More Than Prices: The Economic Analysis of Preference Shaping Policies in the Law, en* LAW AND ECONOMICS: NEW AND CRITICAL PERSPECTIVES 153, 158 (Robin Paul Malloy y Christopher K. Braun eds., 1995) (discute "una variedad de normas que parecen conscientemente dirigidas a influir en las preferencias de la gente"); Kenneth G. Dau-Schmidt, *An Economic Analysis of the Criminal Law as a Preference-Shaping Policy,* 1990 DUKE L.J. 1 (1990) (argumenta que el derecho penal pretende cambiar las preferencias); ALBERT O. HIRSCHMAN, RIVAL VIEWS OF MARKET SOCIETY: AND OTHER RECENT ESSAYS 146 (1986) ("Uno de los principales objetivos de las leyes y reglamentos proclamados públicamente es... influir en los valores y códigos de conducta de los ciudadanos"); Cass R. Sunstein, *Legal Interference with Private Preferences,* 53 U. CHI. L. REV. 1129, 1137 (1986) [en adelante Sunstein, *Interference*] (sugiere que la "función moral" de la ley es cambiar las "preferencias objetables"); GUIDO CALABRESI, IDEALS, BELIEFS, ATTITUDES, AND THE LAW: PRIVATE LAW PERSPECTIVES ON A PUBLIC LAW PROBLEM 84 (1985) ("El derecho... se ocupa fundamentalmente de modelar los gustos"); Richard B. Stewart,

y algunas pruebas lo respaldan. En Estados Unidos, por ejemplo, las normas antidiscriminación parecen haber cambiado las actitudes hacia algunos grupos desfavorecidos.[10]

¿Por qué las normas jurídicas modifican las preferencias? ¿Cómo evolucionan los gustos a medida que las normas jurídicas que modifican las preferencias interactúan con otras presiones Prosociales y económicas?[11] Aunque importantes, evitamos estas preguntas positivas y nos centramos en la cuestión normativa: ¿*debe* la ley cambiar las preferencias? A pesar del optimismo de Madison, la respuesta no es tan sencilla. Como otros, valoramos la autonomía individual y nos preocupa el paternalismo. Un programa para mejorar las preferencias podría ser indistinguible de un lavado de cerebro.[12] Pero incluso dejando de lado esta preocupación, la mejora de las preferencias no se traduce directamente en beneficios prosociales.

Para demostrarlo, estudiamos un modelo sencillo de precaución bajo responsabilidad objetiva en el que intervienen un pea-

---

Regulation in a Liberal State: The Role of Non-Commodity Values, 92 YALE L.J. 1537, 1538 (1983) (argumenta que el fomento de ciertos valores "es, y debería ser, un objetivo importante del derecho regulatorio y administrativo").

10 *Véase, por ejemplo,* John J. Donohue, *Prohibiting Sex Discrimination in the Workplace: An Economic Perspective*, 56 U. CHI. L. REV. 1337, 1338-339 (1989) (sugiere que el Título VII cambió las actitudes hacia las mujeres).

11 Para las teorías sobre cómo cambian las preferencias, véase, por ejemplo, Cooter, *Expressive*, nota *supra* 7, en 598-606 (donde se describen las "automejoras de Pareto"); Becker, nota *supra* 3en 3-23 (relaciona el capital "personal" y "social" con el cambio de preferencias); JON ELSTER, SOUR GRAPES: STUDIES IN THE SUBVERSION OF RATIONALITY 109-33 (1983) (analiza las preferencias "adaptativas"). Para una revisión de los estudios sobre preferencias endógenas, véase ROBIN HAHNEL Y MICHAEL ALBERT, QUIET REVOLUTION IN WELFARE ECONOMICS 76-109 (1990). *Véase también,* Henry J. Aaron, *Distinguished Lecture on Economics in Government: Public Policy, Values, and Consciousness*, 8 J. ECON. PERSP. 3 (1994) (argumenta que los economistas deberían centrarse en la formación de preferencias); Robert Cooter, *Law and Unified Social Theory*, 22 J.L. Y SOC Y 50 (1995) (lo mismo).

12 Sunstein llama a esto la objeción de "libertad" al cambio de preferencias. *Véase* Sunstein, *Interference*, nota *supra* 7 en 1131-132.

tón, un conductor y un legislador que puede inculcar preferencias prosociales en el conductor. Para que esas preferencias prosociales marquen la diferencia, ya sea aumentando la precaución del conductor o reduciendo los daños óptimos, debemos aceptar una de dos afirmaciones discutibles. Debemos suponer (porque la economía no puede demostrárnoslo) que los beneficios de una mayor precaución superan los costes que un accidente impone a la mala conciencia del conductor. O debemos aceptar lo que llamamos la *paradoja de la virtud*. El legislador debe inculcar preferencias prosociales en el conductor, lo que conlleva un daño psicológico, pero ignorar ese daño psicológico a la hora de calcular el bienestar social.

A pesar de estos problemas, demostramos que el derecho podría ser un maestro útil. Podría ayudar especialmente fomentando la aversión a causar daño en lugar de la simpatía total con los que sufren. El derecho también podría ayudar fomentando la adopción de hábitos o compromisos morales que hagan que las personas actúen *como si* tuvieran preferencias prosociales. De hecho, la única forma de conseguir una reducción tanto de la cantidad de daños eficientes como de los perjuicios de los accidentes es haciendo que la gente se comporte como si tuviera aversión al daño.

En la Parte I, describimos la naturaleza fundamentalmente política y filosófica de la función de bienestar social y la decisión de configurar las preferencias individuales. En las Partes II y III, estudiamos el efecto de cambiar las preferencias de los individuos dadas dos funciones de bienestar social diferentes: "utilitarista" y "atomista". La Parte IV explora los beneficios de utilizar la ley para moldear los compromisos morales de los individuos, en lugar de sus preferencias.

1. ELEGIR EL BIENESTAR

Hemos de afirmar que cualquier acción —salvar a un gatito, derrocar a un dictador— aumenta el bienestar social exige ser explícito sobre cómo se calcula el bienestar social. Un punto de vista, dominante en economía, es que el bienestar social es igual a la utilidad total de todos los individuos de la sociedad, donde la utilidad es una medida numérica ordinal que representa las preferencias de un individuo[13]. Este enfoque funciona, al menos conceptualmente, cuando las preferencias permanecen fijas, pero tropieza cuando las preferencias cambian[14].

Pongamos un ejemplo sencillo: A Adam le gusta correr. En invierno, el frío y las carreteras resbaladizas hacen prácticamente imposible correr. Para Adán, correr es una preferencia, y el clima es una restricción. La utilidad de Adán aumentará en primavera, cuando cambie el clima. Evaluar la utilidad de Adán es sencillo dadas las restricciones cambiantes. Pero ahora cambian las preferencias. Hoy Adán prefiere leer, pero mañana preferirá correr. ¿Aumentará su utilidad mañana? ¿Está mejor Adán el corredor cuando corre que Adán el lector cuando lee? Ambos Adanes satisfacen sus preferencias, por lo que la satisfacción de las preferencias, por sí sola, no es suficiente para responder a la pregunta. Debemos evaluar las preferencias en sí mismas.

El reto aumenta de escala cuando consideramos el bienestar social. Si un cambio en los gustos tiene un efecto indeterminado en Adam, debe tener un efecto indeterminado en la sociedad.[15]

---

13 Sobre otros enfoques del bienestar social, véase, por ejemplo, MATTHEW D. ADLER, WELL-BEING AND FAIR DISTRIBUTION: BEYOND COST-BENEFIT ANALYSIS (2012).

14 Ciertamente, no somos los primeros en hacer esta observación. *Véase, por ejemplo,* Cooter, *Expressive,* nota *supra* 7en 602 (donde se reconoce el reto de evaluar las políticas públicas y el bienestar social teniendo en cuenta el cambio de preferencias); Becker, nota *supra* 3 en 21 (lo mismo); HAHNEL Y ALBERT, nota *supra* 9, en 145-84 (lo mismo); Elster, *supra* nota 9, en 134-36 (lo mismo); *Cf.* Avinash Dixit y Victor Norman, *Advertising and Welfare,* 9 BELL J. ECON. 1 (1978) ("El análisis de la publicidad desde el punto de vista del bienestar suele comenzar y terminar con la observación de que no existe una norma fija para el juicio de valor cuando los gustos son variables").

15 David Dolinko, *The Perils of Welfare Economics,* 97 NW. U. L. REV. 351, 383 (2002) ("[S]i hay algo conceptualmente erróneo en la comparación

Si cambian los gustos de muchas personas, no podemos evaluar el bienestar sin tomar muchas decisiones sobre qué preferencias son mejores o peores, y para quién.

Para ilustrar este problema en el contexto jurídico y sentar algunas bases, volvemos a un modelo de precaución de libro de texto.[16] Pensemos en una conductora que va de casa al trabajo. Puede tomar precauciones (conducir más despacio, detenerse completamente en las señales de stop) a costa de x. Cuantas más precauciones tome, mayores serán sus costes, por lo que x aumenta. La precaución reduce la probabilidad $p(x)$ de accidente[17]. En caso de accidente, el peatón sufre daños monetarios h. La conductora está sujeta a responsabilidad objetiva por cualquier daño que cause, en cuyo caso paga al peatón una indemnización igual a D. La remuneración de la conductora depende de sus costes esperados, por lo que podemos expresar su función de utilidad como una función de costes: $x+p(x)D$. A la conductora le gustaría minimizar esa función de coste. Por la misma lógica, la función de costes del peatón es $p(x)(h-D)$ y los costes sociales son la suma de las dos: $x+p(x)h$.

La conductora de nuestra situación es egoísta. No le importa el bienestar del peatón; sólo le importa un accidente en la medida en que tenga que pagar daños y perjuicios. Supongamos que podemos cambiar las preferencias de la conductora para que no le guste causar daños a los demás. En concreto, la función de costes de la conductora pasa a ser $x+p(x)(D+\alpha h)$donde $\alpha>0$ indica el

del bienestar de un solo individuo antes y después de que cambien sus preferencias, el mismo problema afectará cualquier evaluación del bienestar social antes y después de que cambien las preferencias de los individuos").

16 En concreto, estudiamos un modelo de libro de texto de precaución eficiente y unilateral. *Véase, por ejemplo,* Steven Shavell, *Strict Liability Versus Negligence,* 9 J. Legal Stud. 1, 2-6, 10-17 (1980).

17 Suponemos que la función de probabilidad continua y diferencial tiene propiedades p'x<0<p"(x).

peso que la conductora atribuye a cualquier daño que cause. La función de coste social es ahora $x+p(x)(h+\alpha h)$.

¿Está mejor la sociedad cuando al conductor no le gusta imponer daños? Para los economistas, la pregunta parece incontestable. Al cambiar las preferencias del conductor, la función de coste social pasa de $x+p(x)h$ a $x+p(x)(h+\alpha h)$. Aunque la segunda función de costes parece mayor, los costes captados por las dos funciones se denominan en unidades únicas para cada una. Las dos funciones son como economías diferentes, cada una con su propia moneda y sin mercado para intercambiarlas. La economía puede decirnos cómo minimizar cada función, pero no qué función es *mejor*. Resolver los modelos —predecir en cada caso el comportamiento del conductor y la probabilidad de accidente— no serviría de nada. Si no sabemos qué función es mejor, no podemos determinar si el equilibrio bajo una sea cual sea, es superior al equilibrio bajo la otra.

No todo el mundo se encuentra tan limitado. Algunos estudiosos han adoptado posturas sobre cómo elegir entre funciones de bienestar social contrapuestas. Algunas posiciones son sofisticadas,[18] mientras que otras no lo son.[19] No es necesario que entremos en

---

18 *Véase, por ejemplo,* Burton A. Weisbrod, *Comparing Utility Functions in Efficiency Terms or, What Kind of Utility Functions Do We Want?* 67 AM. ECON. REV. 991, 994 (1977) ("La proposición habitual de que un tipo de función de utilidad no puede compararse con otro dentro de un marco de eficiencia económica es correcta en general. Esta nota ha sugerido, sin embargo, que, a pesar de la no comparabilidad general de las funciones de utilidad, algunas pueden compararse y resultar preferibles a otras"). *Cf.* Cooter, *Expressive,* nota *supra* 7, en 602 (propone un "criterio de Pareto" que evita el dilema de priorizar las preferencias previas y posteriores al cambio).

19 *Véase* Kaplow y Shavell, nota *supra* 4, en 1337 n.917 ("A menudo los analistas simplemente suponen que un cambio en las preferencias sería deseable. Que ciertas preferencias son buenas y otras son malas puede parecer obvio dentro de alguna comunidad de discurso (digamos, entre un pequeño grupo de filósofos), pero sus miembros pueden diferir en aspectos relevantes de la mayoría de los individuos de la sociedad... Es fácil, pero

ese debate para exponer nuestro punto de vista. En general, la economía no puede decirnos si una función de bienestar social es mejor que otra. Evaluar las preferencias es un ejercicio de filosofía, no de economía. Esto no es nuevo para la mayoría de los economistas, pero puede sorprender a otros académicos, incluidos los juristas que utilizan el razonamiento económico en su trabajo.

Por estas razones, es poco convencional que los economistas piensen en cambiar las preferencias de la gente como herramienta para lograr un objetivo político. Satisfacer las preferencias individuales, sean cuales sean, suele *ser el objetivo político*. Así pues, debemos plantear el problema de otra manera. El espíritu de nuestra investigación es evaluar algunas consecuencias concretas de las preferencias prosociales, para proporcionar claridad a los legisladores que evalúan la conveniencia de cambiar las cosas que la gente valora. En "The Future of Law y Economics", el profesor Calabresi defiende precisamente este papel para los estudiosos del Derecho y la Economía, y el nuestro es un modesto primer paso en esta agenda de investigación[20].

Imaginamos una sociedad compuesta por personas egoístas y personas que se preocupan por los demás. El legislador de esta sociedad se preocupa por maximizar el bienestar social y elegirá las normas jurídicas que lo consigan. Sin embargo, el legislador también se preocupa por garantizar que las normas jurídicas sean aplicables y por minimizar la cantidad de daño que los individuos imponen a los demás.

La primera pregunta a la que debe responder el legislador es si la función de bienestar social debe ser *utilitaria*, es decir, simplemente la suma de todas las utilidades individuales, o si debe ser *atomística*, es decir, que la función de bienestar social no tiene

---

peligroso, que un grupo así simplemente imponga su noción de la buena vida a los demás [...]").

20 Guido Calabresi, El futuro del derecho y la economía: Essays in Reform and Recollection (2016).

en cuenta los beneficios o costes psíquicos que se derivan de las preferencias prosociales, pero por lo demás es utilitaria.[21] Se trata de una elección normativa fundamental que debe decidirse antes que nada y que no tratamos de resolver aquí. La segunda cuestión a la que se enfrenta el legislador es si debe cambiar las preferencias de los individuos para hacerlas prosociales. Es sencillo determinar la norma jurídica que maximiza el bienestar social una vez que el legislador ha decidido las preferencias de los individuos y la forma de la función de bienestar social. Dado que el legislador elegirá la norma jurídica que maximice el bienestar, en cualquier caso, su decisión sobre si manipular o no las preferencias individuales equivale a una elección entre normas jurídicas eficientes. El legislador prefiere las normas jurídicas que son más fáciles de aplicar y que provocan menos daños.

2. EL LEGISLADOR UTILITARISTA

Supongamos que el legislador elige una función de bienestar utilitaria. Ahora su objetivo es maximizar esa función, en parte haciendo bien la ley. Pero administrar la ley es difícil. Tomemos el modo de precaución simple y canónico de arriba. El conductor paga una indemnización de D al peatón por el daño causado h. Para promover una precaución eficaz, el conductor debe internalizar plenamente el daño del peatón, es decir D debe ser igual a h. Si el conductor no puede permitirse D-entonces no internaliza plenamente el daño. No tomará precauciones eficaces y el peatón no será plenamente indemnizado por el accidente. Por

---

21 El legislador podría elegir alternativas intermedias, como una función de bienestar que incluya las preferencias prosociales, pero les otorgue menos peso que a otras preferencias. Estudiamos la función de bienestar social utilitarista en la Parte II porque es una referencia intuitiva y la más utilizada por los economistas. Consideramos la función de bienestar social atomista en la Parte III porque hay desacuerdo sobre la conveniencia de incluir las preferencias sociales en la función de bienestar social.

esta razón, la responsabilidad funciona mejor cuando *D* es menor. Además del daño a las víctimas que puede compensarse mediante daños y perjuicios, los accidentes conllevan costes como el tiempo y la atención de funcionarios, tribunales, secretarios y jurados.

El legislador podría razonar lo siguiente: para mejorar la responsabilidad y reducir los costes, deberíamos cambiar las preferencias del conductor. Un conductor *comprensivo* que se preocupe por el bienestar de los peatones tomará más precauciones y provocará menos accidentes y menos perjudiciales. En ese caso, quizá podamos reducir los daños *D* que debe pagar el peatón en un accidente, mitigando el problema de la prueba de juicio, y podemos disminuir el coste global de los accidentes.

¿Funciona? Con respecto a los daños y perjuicios, la respuesta es no. La responsabilidad redistribuye los costes. En lugar de pagar el peatón, paga el conductor. Al redistribuir los costes del peatón al conductor, los daños empujan al conductor a tomar precauciones eficaces. La simpatía funciona de otro modo: *crea* costes, en cierto sentido, al cambiar lo que preocupa a la gente. Sin simpatía, la velocidad del conductor causa un daño, que es el riesgo para el peatón. Con simpatía, la velocidad del conductor causa dos daños: el riesgo para el peatón y el daño psíquico que supone para el conductor el riesgo para el peatón. La conductora internaliza su daño psíquico, pero externaliza el daño real del peatón.[22] Como externaliza el daño, la conductora —a pesar de su simpatía— toma muy pocas precauciones. La simpatía no genera eficacia[23]. Para que la precaución sea eficaz, debe exigirse al

---

[22] Podemos pensar que las preferencias sociales convierten un accidente que sólo perjudica a la víctima en un accidente que perjudica a la víctima y al causante. *Cf.* Peter A. Diamond, *Single Activity Accidents*, 3 J. LEGAL STUD. 107 (1974); Jennifer H. Arlen, *Reconsidering Efficient Tort Rules for Personal Injury: The Case of Single Activity Accidents*, 32 WM. Y MARY L. REV. 41 (1990) [en adelante Arlen, *Reconsidering*].

[23] Los eruditos que estudian el altruismo han señalado este punto. *Véase, por ejemplo,* Louis Kaplow, *A Note on Subsidizing Gifts*, 58 J. PUB. ECON. 469

conductor compasivo que pague una indemnización igual al daño sufrido por el peatón.

Matemáticamente, añadir "costes" de simpatía al conductor hace que el modelo pase de pérdidas unilaterales a pérdidas bilaterales: un accidente "perjudica" tanto al conductor como al peatón. Los trabajos en este campo de Avon León, Jennifer Arlen, Robert Cooter y Ariel Porat exploran cómo cambia la eficiencia de varias normas de responsabilidad en el caso de pérdidas bilaterales, incluso cuando las pérdidas soportadas por el causante son resultado de sanciones no legales en lugar del pago de daños y perjuicios.[24] Las diferencias importantes entre estos análisis y el nuestro son que (i) ellos consideran los efectos de imponer pérdidas a un causante con preferencias estables, mientras que nosotros consideramos el efecto de cambiar las propias preferencias

---

(1995) (en el que se explica que los altruistas internalizan su beneficio por dar, pero no el beneficio del receptor por recibir, lo que conduce a la ineficiencia); David D. Friedman, *Does Altruism Produce Efficient Outcomes? Marshall Versus Kaldor*, 17 J. LEGAL STUD. 1 (1988) (lo mismo). *Véase también* B. Douglas Bernheim y Oded Stark, *Altruism Within the Family Reconsidered: Do Nice Guys Finish Last?* 78 AM. ECON. REV. 1034, 1034-35 (1988) ("[S]i A ama a B y B es infeliz, entonces el amor de A puede hacer que A también sea infeliz. Peor aún, si B también ama a A, entonces el amor de A por B haría a B aún más infeliz").

24 Jennifer H. Arlen, *Re-examining Liability Rules When Injurers as Well as Victims Suffer Losses*, 10 INT'L REV. L. Y ECON. 233 (1990); Arlen, *Reconsidering*, nota *supra* 20Avon Leong, *Liability Rules When Injurers as Well as Victims Suffer Losses*, 9 Int'l Rev. L. y ECON. 105 (1989); Robert Cooter y Ariel Porat, *Does Risk to Oneself Increase the Care Owed to Others? Law and Economics in Conflict*, 29 J. LEGAL STUD. 19 (2000); Robert Cooter y Ariel Porat, *Should Courts Deduct Nonlegal Sanctions from Damages?* 30 J. LEGAL STUD. 401 (2001) [en adelante, Cooter y Porat, ¿Deben deducir *los tribunales?]* Esta literatura examina los efectos de la precaución bilateral (además de la pérdida bilateral) y la dispersión del riesgo de los seguros, así como los regímenes de responsabilidad por negligencia. No abordamos aquí estas interesantes extensiones, pero creemos que son una dirección fructífera para futuros trabajos. Nos centramos en los efectos concretos del cambio de preferencias en lugar de limitarnos a añadir costes al modelo canónico.

del causante,[25] y (ii) hacemos interdependientes las funciones de utilidad del causante y de la víctima haciendo que el causante se preocupe por el bienestar de la víctima.

Un ejemplo sencillo lo demuestra. Los costes esperados del peatón son iguales a $p(x)(h\text{-}D)$ y los costes esperados del conductor compasivo equivalen a $x+p(x)(D+\alpha h\text{-}\alpha D)$ donde $\alpha>0$ indica el peso de la simpatía que el conductor atribuye a la utilidad del peatón. Obsérvese que el conductor simpatiza plenamente con el peatón, preocupándose tanto por el daño como por los perjuicios desde la perspectiva del peatón. Los costes sociales vienen dados por $x+p(x)(h+\alpha h\text{-}\alpha D)$. Para que las precauciones sean eficaces, los costes del conductor deben coincidir con los de la sociedad. Para ello es necesario fijar D igual a h-igual que en el caso del conductor egoísta. No importa cuánto simpatice el conductor con el peatón, D debe ser igual a hde lo contrario, el conductor tomará muy pocas precauciones.[26]

Hemos demostrado que la simpatía (incluso la más fuerte) no reduce los daños necesarios para inducir una precaución eficaz. Pero quizá la simpatía sea la medicina equivocada. Tal como la concebimos, la simpatía incorpora el bienestar general del peatón a la función de utilidad del conductor. Cuando el peatón sufre un daño, el conductor paga un coste psíquico, pero cuando el peatón recibe una compensación, el conductor disfruta de un benefi-

---

25 Por ejemplo, Cooter y Porat escriben que las sanciones no legales que no confieren beneficios a terceros "destruyen valor". Cooter y Porat, *¿Deben deducir los tribunales?*, nota *supra* 22, en 414. Esto no puede decirse de un conductor que desarrolla simpatía por su víctima y que por ello cambia sus preferencias, porque el valor se define por referencia a las preferencias.

26 El problema recursivo general creado por las preferencias que tienen en cuenta a los demás se mantiene si las preferencias del conductor son maximizar el bienestar social. Supongamos que la función de utilidad del conductor es f y la función de utilidad del peatón es g. El bienestar social viene dado por w=f+g. Si el conductor busca maximizar el bienestar social de forma que f=f+g entonces w=2f+g, pero entonces el conductor ya no maximiza el bienestar social.

cio psíquico. Para las precauciones, pues, la simpatía tiene efectos transversales. El daño del peatón anima al conductor a tomar más precauciones, pero los daños pagaderos al peatón le animan a tomar menos precauciones.

En lugar de simpatía, supongamos que el legislador inculca la *aversión al daño.* Esto significa que el conductor tiene aversión a imponer daños, pero no se identifica plenamente con el bienestar del peatón (ignorando así el beneficio que éste recibe de la indemnización). En nuestro modelo, la función de costes del conductor averso al daño vendría dada por $x+p(x)(D+\alpha h)$. Como en el caso anterior, los costes del peatón son iguales a $p(x)(h-D)$ por lo que los costes sociales serían $x+p(x)(h+\alpha h)$. Para que las precauciones sean eficaces, los costes del conductor deben coincidir con los de la sociedad. Una vez más, esto requiere establecer D igual a h.

En resumen, no importa si el conductor es egoísta, comprensivo o reacio al daño. En los tres casos, el legislador debe fijar una indemnización igual al daño de un accidente para inducir una precaución eficaz. Con simpatía o aversión al daño, la actividad del conductor causa dos daños: riesgo para el peatón y daño psíquico para el conductor. La conductora internaliza su daño psíquico, pero externaliza el daño real del peatón. Para corregir los incentivos del conductor, la responsabilidad debe obligar a internalizar el daño real del peatón. Ese daño es el mismo sean cuales sean las preferencias del conductor.

Este resultado tiene otra implicación. Hasta ahora no hemos hablado de cómo el legislador puede utilizar la ley para cambiar las preferencias de la gente. La cuantía de los daños parece una posibilidad natural. A través de los daños, el legislador puede transmitir la desaprobación social de la creación de daños y posiblemente hacer que la gente se vuelva más comprensiva o reacia a los daños. Por esta razón, fijar los daños en un nivel punitivo alto podría parecer una buena idea. Sin embargo, lo que demuestra el resultado anterior es que fijar D a un nivel distinto de h será ineficaz *por muy eficazmente que cumpla su función expresiva.*

Recordemos que el legislador tiene dos objetivos para cualquier norma jurídica eficiente: mitigar la prueba de juicio para mejorar la aplicabilidad de esa norma, y reducir los costes globales de los accidentes. Hemos demostrado que el cambio de preferencia no afecta a los daños óptimos, por lo que no puede hacer mucho por la seguridad jurídica. ¿Qué ocurre con los costes totales de los accidentes? Si $D=h$ las personas con aversión al daño conducirán con más cuidado que las egoístas.[27] Esto es intuitivo: los egoístas intentan evitar los daños, mientras que los reacios a los daños intentan evitar los daños *y los* perjuicios. Por consiguiente, inculcar la aversión al daño reducirá el número y la gravedad de los accidentes. Sin embargo, esta reducción no se produce sin complicaciones. Para reducir los accidentes, el legislador debe crear costes psíquicos derivados de la imposición de daños, y estos costes psíquicos deben ser evaluados.

Hemos analizado la precaución de los conductores egoístas y reacios al daño. ¿Qué ocurre con los conductores comprensivos? Curiosamente, los conductores comprensivos no son más precavidos que sus homólogos egoístas.[28] El conductor compasivo no sufre ninguna desutilidad psíquica neta por el daño que impone al peatón, porque los daños compensatorios que paga hacen que el peatón, y por lo tanto la propia conductora, estén completos. Para el legislador, la compasión no tiene ningún beneficio; ni reduce los daños óptimos ni fomenta una mayor precaución.

---

27 Si D es igual a h los conductores adoptarán una precaución socialmente eficiente. La precaución socialmente eficiente en el caso de un conductor con aversión al daño satisface $p'x^*=1h(1+\alpha)$ mientras que la precaución socialmente eficiente en el caso de un conductor egoísta satisface $p'x^*=1h$. Obsérvese que los conductores toman precauciones diferentes, pero la cantidad es eficiente en todos los casos.

28 La función de coste del conductor simpático es igual a $x+px(D+\alpha h-\alpha D)$. Suponiendo que D es igual a h entonces toma una precaución socialmente eficiente, que satisface $p'x^*=1h$.

3. EL LEGISLADOR ATOMISTA

Hasta ahora hemos supuesto que el legislador es utilitarista y da la misma importancia a las preferencias de todos los individuos, incluidas las preferencias por el bienestar de los demás. Ahora imaginemos, en cambio, a un legislador diferente, de cabeza dura, que pretende inculcar la simpatía a los conductores. Cuando su asesor señala que la simpatía introduce un nuevo coste psíquico que complica el cálculo del bienestar social, la legisladora respondió que no le importan lo más mínimo los sentimientos del conductor, sino sólo la seguridad del peatón. En otras palabras, impone un daño psíquico al conductor, pero ignora ese daño en el bienestar social. El legislador adopta una función de bienestar *atomista*. Considera las preferencias prosociales de forma instrumental e ignora cualquier bienestar social que se derive de esas preferencias.

Resulta tentador rechazar las funciones de bienestar atomistas. Esto se debe a que utilizar una de ellas requiere hacer juicios filosóficos difíciles. Elegir qué preferencias excluir equivale a clasificar preferencias "mejores" y "peores". Como ya hemos explicado, la economía no dispone de ninguna herramienta para hacer esa elección.[29] Sin embargo, este reto no preocupa a todo el mundo. Los estudiosos[30] (incluidos algunos economistas[31]) han argumentado

---

29 Recordemos que algunos economistas han intentado desarrollar una herramienta de este tipo. *Véase* Weisbrod, nota *supra* 16.

30 En derecho, véase, por ejemplo, Joseph William Singer, *Normative Methods for Lawyers*, 56 UCLA L. REV. 899, 919-20 (2009) ("[S]ome preferences are simply intolerable and do not enter into the calculus of conscientious judges and legislators."); Daphna Lewinsohn-Zamir, *The Objectivity of Well-Being and the Objectives of Property Law*, 78 N.Y.U. L. REV. 1669, 1682 (2003) ("Algunos escritores sugieren que ciertas preferencias objetables, como las basadas en la crueldad, el racismo y el prejuicio, deben ser ignoradas en la política social").

31 *Véase, por ejemplo,* John C. Harsanyi, *Rule Utilitarianism and Decision Theory*, 11 ERKENNTNIS 25, 30 (1977) (en el que se argumenta que los estudiosos deberían "definir la utilidad social en términos de las 'verdaderas'

que ciertas prestaciones deberían excluirse del bienestar. Se centran en los "beneficios" derivados de actos como el asesinato, la violación, el racismo y la crueldad. Pero este enfoque no es necesariamente suficiente. Además de excluir los beneficios antisociales, también puede ser ventajoso excluir los sentimientos prosociales.[32]

Para ver por qué, volvamos al modelo. Los costes del peatón equivalen a $p(x)(h\text{-}D)$. Si el conductor es egoísta, sus costes son iguales a $x+p(x)D$ y los costes sociales son la suma de los dos: $x+p(x)h$. En este escenario, nadie tiene preferencias prosociales, por lo que la función de bienestar es la misma tanto para el legislador atomista como para el utilitarista. Para minimizar los costes sociales, los daños D deben ser iguales a los daños h.

Pero ¿y si el legislador inculca simpatía al conductor? Los costes del peatón no cambian, pero los del conductor pasan a ser $x+p(x)(D+\alpha h\text{-}\alpha D)$ donde $\alpha>0$ indica de nuevo el peso de la simpatía. El legislador atomista ignora la preocupación del conductor por el bienestar del peatón, lo que significa que excluye la simpatía de la función de bienestar. En consecuencia, los costes sociales vienen dados por $x+p(x)h$. El conductor elegirá el nivel eficiente de precaución si $D=h$ lo que significa que la compensación es perfecta. Pero supongamos que la compensación es imperfecta. De hecho,

---

preferencias de los distintos individuos", descartando así "no sólo las preferencias distorsionadas por errores fácticos o lógicos, sino también las preferencias basadas en actitudes claramente antisociales, como el sadismo, el resentimiento o la malicia"); George J. Stigler, *The Optimum Enforcement of Laws,* 78 J. Pol. Econ. 526, 527 (1974) ("¿qué pruebas hay de que la sociedad asigne un valor positivo a la utilidad derivada de un asesinato, una violación o un incendio provocado?").

32 Otros estudiosos han propuesto excluir del bienestar las preferencias benéficas que tienen en cuenta a los demás, aunque no por la razón que comentamos. *Véase, por ejemplo,* John C. Harsanyi, *Problems with Act-Utilitarianism and with Malevolent Preferences, en* Hare and Critics: Essays on Moral Thinking 89, 97-98 (Douglas Seanor y N. Fotion eds., 1988) ("[Me parece que] incluso las preferencias externas socialmente *deseables* deberían *excluirse* de nuestra función de utilidad social").

supongamos que no hay ninguna compensación. La conductora seguirá eligiendo el nivel eficiente de precaución si α=1lo que significa que es perfectamente solidaria.

En este escenario, la simpatía elimina la necesidad de indemnizar por daños y perjuicios. Un conductor perfectamente comprensivo se comportará de forma eficiente independientemente de que sea responsable de todos, algunos o ninguno de los daños que cause. La simpatía resuelve el problema de la prueba de juicio y los costes de evaluar y cobrar daños y perjuicios en general.

Este feliz resultado tiene tres limitaciones. En primer lugar, sólo alcanza uno de los objetivos del legislador. Recordemos que el legislador quiere reducir tanto los daños como los perjuicios generales de los accidentes. La simpatía perfecta elimina la necesidad de indemnizar, pero no hace que el conductor tome más precauciones. El conductor perfectamente comprensivo internaliza un coste (psíquico) igual al coste (de los daños) internalizado por el conductor egoísta. Ambos internalizan la misma cantidad en caso de accidente, por lo que ambos toman la misma precaución para evitarlo.[33] Como ambos toman el mismo nivel de precaución, el daño total de los accidentes sigue siendo el mismo.

En segundo lugar, la simpatía debe ser perfecta. Si el peso de la simpatía del conductor es inferior a 1, aunque sólo sea un poco, para lograr la eficacia se requiere una compensación perfecta.[34] Para lograr la eficacia, el conductor simpático debe interiorizar el daño que causa. En realidad, el conductor internaliza los daños que paga y (aquí está la parte psíquica) el daño *no compensado*

---

33 La función de coste del conductor simpático es igual a $x+px\ (D + \alpha h\text{-}\alpha D)$. Suponiendo que $D = 0$ y $\alpha=1$ el conductor toma precauciones que satisface $p'x^*=1h$. La función de costes del conductor egoísta es igual a $x+pxD$. Suponiendo que D = hel conductor toma precauciones que satisfacen $p'x^*=1h$.

34 La eficiencia se alcanza cuando el daño que causa el conductor comprensivo es igual a la desutilidad que soporta el conductor comprensivo: $h=D+\alpha\, h\text{-}\alpha\, D$. Si =1 la ecuación se cumple independientemente de los valores de D y h. Si ≠1la ecuación se cumple sólo si h=D.

del peatón. Para una conductora perfectamente comprensiva, la indemnización que paga y el daño no compensado equivalen al daño real.

Pero en el caso de un conductor no perfectamente comprensivo, esto no es así. El conductor no da suficiente importancia al daño no compensado. Para compensarlo, la indemnización que paga el conductor debe aumentar, pero en cuanto lo hace el daño no compensado importa aún menos. Para el conductor que no es perfectamente comprensivo, la indemnización que paga y el daño no compensado son iguales al daño real *solo* cuando la indemnización es perfecta (del mismo modo, si el peso de la simpatía del conductor es superior a 1, lograr la eficacia requiere de nuevo una compensación perfecta).

El resultado tiene una tercera limitación: el legislador debe adoptar una función de bienestar social atomista. Debe imponer un coste en forma de culpa prosocial al conductor individualmente, pero debe ignorar ese coste colectivamente.[35] No se trata de una peculiaridad de nuestro modelo. Es una observación general sobre la lógica —y una falacia— de los argumentos habituales sobre el cambio de preferencias. La obtención de preferencias prosociales puede reducir algunos costes sociales, donde los "costes sociales" se evalúan en términos de la nueva función de bienestar posterior al cambio de preferencias. Pero lograr ese resultado requiere excluir del bienestar esas preferencias prosociales. Ésta es la paradoja de la virtud. Para que la virtud mejore el bienestar, debemos ignorar su peaje en los virtuosos.

---

35 Que el coste sea psíquico no justifica, por sí mismo, ignorarlo. *Véase* Kaplow y Shavell, nota *supra* 4, en 1343 n.931 ("Aunque la distinción entre externalidades tangibles y psíquicas puede tener sentido como una cuestión de política, es difícil entender la distinción como una cuestión de primer principio. Después de todo, todo lo que afecta al bienestar de alguien es percibido en última instancia por los sentidos y mediado en el cerebro humano; no está claro cuál es la base normativa a priori para expresar preocupación por ciertos desencadenantes de neuronas particulares sobre otros").

Supongamos que al legislador no le gustan estas limitaciones. ¿Puede mejorar las cosas inculcando la aversión al daño en lugar de la simpatía? Los costes del conductor averso al daño son iguales a $x+p(x)(D+\alpha h)$ y los del peatón igual a $p(x)(h-D)$ como siempre. El legislador atomista ignora las preferencias prosociales, por lo que los costes sociales vienen dados por $x+p(x)h$. Para lograr la eficiencia, los costes del conductor deben ser iguales a los costes sociales. Para ello, el conductor debe pagar una indemnización de $D=h(1-\alpha)$. La indemnización óptima disminuye a medida que α aumenta. Así, la aversión al daño mitiga el problema de la prueba de juicio.

Este resultado es más intuitivo de lo que parece. Para inducir al conductor a adoptar el grado de precaución socialmente óptimo, debe internalizar el daño que causa al peatón. Dado que el conductor ya internaliza una cantidad psíquica ponderada del daño que causa al peatón, la cantidad eficiente de daños sólo tiene que compensar la diferencia entre esta cantidad psíquica y el daño real al peatón. A medida que aumenta el peso psíquico que el conductor atribuye al daño, la indemnización debe disminuir para que la ecuación se mantenga en equilibrio. Una mayor aversión al daño implica una menor indemnización óptima.[36]

A diferencia de la simpatía, la aversión al daño no tiene por qué ser perfecta —no tiene por qué ser igual a 1— para reducir los daños óptimos. α para reducir los daños óptimos. Esto hace que inculcar la aversión al daño sea una estrategia más sólida. Si el legislador consigue que el conductor tenga, aunque sea un poco de aversión al daño, los daños óptimos disminuyen. Sin embargo, la aversión al daño no es una solución mágica. El conductor con aversión al daño toma las mismas precauciones que el conductor

---

36 Esto sólo funciona para una función de bienestar atomista. Dada una función de bienestar utilitarista, la eficiencia exigiría que el conductor internaliza el daño que causa al peatón *y* el daño psíquico que se causa a sí mismo. Para internalizar todo eso es necesario establecer D igual a h.

comprensivo y egoísta.[37] En consecuencia, el número total de accidentes y los costes asociados siguen siendo los mismos. Además, la aversión al daño implica la paradoja de la virtud. El legislador debe ignorar en el bienestar social el daño psíquico individual que se esforzó en inculcar.

4. ¿PREFERENCIAS O COMPROMISOS?

Para un legislador que pretenda cambiar las preferencias de los individuos, nuestro análisis es claro: inculcar la aversión al daño. Dada una función de bienestar social utilitarista, la aversión al daño genera más precaución que la simpatía o el egoísmo, aunque no tenga ningún efecto sobre la cuantía óptima de los daños. Dada una función de bienestar social atomista, la aversión al daño reduce los daños óptimos,[38] aunque no tenga ningún efecto sobre cuánta precaución se toma. Sea cual sea la función de bienestar que se elija, la aversión al daño supera a las alternativas. Sin embargo, la aversión al daño —como la simpatía— tiene un inconveniente: el coste psíquico. El legislador utilitarista acepta ese coste a cambio de una mayor precaución. El legislador atomista simplemente ignora ese coste. En ambos casos, las preferencias cambian, por lo que la economía no puede guiar las comparaciones. El legislador debe tomar decisiones filosóficas, no económicas.

Nuestra conclusión podría suscitar optimismo sobre la aversión al daño, pero desaliento sobre la función expresiva del Derecho en general. Sí, inculcar la aversión al daño ayuda, pero sólo

---

37 La función de costes del conductor adverso al daño es igual a $x+pxD+\alpha h$. Los daños son óptimos cuando $D=h(1-\alpha)$. Suponiendo que los daños son óptimos, el conductor averso a los daños toma precauciones que satisface $p'x^*=1h$.

38 Recordemos que la simpatía perfecta también reduce (de hecho, elimina) los daños, pero parece un caso poco frecuente. La simpatía menos que perfecta no tiene ningún efecto sobre los daños óptimos.

si aceptamos movimientos fuertes y contestables, como abrazar la paradoja de la virtud. Pero tal vez no necesitemos aceptar estos movimientos. Quizá podamos beneficiarnos de la función expresiva del Derecho reconsiderando la naturaleza de las preferencias.

¿Y si hay espacio entre las elecciones y las preferencias? A veces, las personas pueden tomar decisiones no porque les ayuden a alcanzar sus objetivos o por simpatía hacia los demás, sino por costumbre o compromiso moral. Por ejemplo, las personas pueden ajustarse al principio de "tratar a todas las personas con el mismo respeto" no porque les ayude a conseguir un resultado concreto, sino porque el principio delimita la conducta moral o estructura una identidad. Esta idea sigue la línea de la distinción de Amartya Sen entre simpatía y compromiso.[39] Esta distinción es controvertida,[40] y no la defendemos aquí. En su lugar, desarrollamos una conjetura en dos pasos. En primer lugar, una interpretación de la función formadora de valores de la ley es que forma patrones de acción o modos de razonamiento que operan más allá de la satisfacción de las preferencias individuales. Y, en segundo lugar, esto puede hacer que el cambio de preferencias sea una estrategia más atractiva.

Supongamos que el legislador es utilitarista. Como ya se ha dicho, los daños eficientes serían normalmente los mismos para los conductores egoístas, comprensivos y reacios al daño: $D=h$. Supongamos, sin embargo, que el legislador puede hacer que los conductores actúen como si fueran compasivos, aunque no lo sean. En ese caso, todos los conductores optan por la precaución para minimizar los costes dados por $x+p(x)(D+\alpha h-\alpha D)$. Si un conductor es realmente egoísta, los costes sociales de su conducción

---

[39] *Véase Amartya Sen, Why Exactly is Commitment Important for Rationality?* 21 ECON. Y PHIL'Y 5 (2005); Amartya Sen, *Goals, Commitment, and Identity*, 1 J.L. ECON. Y ORG. 341 (1985); Amartya K. Sen, *Rational Fools: A Critique of the Behavioral Foundations of Economic Theory*, 6 PHIL'Y Y PUB. AFFAIRS 317 (1977).

[40] Elias L. Khalil, *Tontos sentimentales: A Critique of Amartya Sen's Notion of Commitment*, 40 J. ECON. BEHAVIOR Y ORG. 373 (1999).

vienen dados por $x+p(x)$ h y los daños eficientes siguen siendo $D=h$. Si un conductor es realmente comprensivo, los costes sociales vienen dados por $x+p(x)(h+ \alpha h-\alpha D)$ y los daños eficientes siguen siendo $D=h$. Sin embargo, si el conductor es realmente averso al daño, entonces los costes sociales vienen dados por $x+p(x)(h+ \alpha h)$. La eficiencia exige que el coste del conductor sea igual a los costes de la sociedad, lo que requiere fijar. $D=h/(1-\alpha)$. Dado que $\alpha >0$ si se anima a los conductores reacios a causar daños a comportarse como si fueran comprensivos, aumenta la cantidad de daños necesarios para inducir una precaución eficaz.[41] Además, independientemente de que el conductor sea egoísta, comprensivo o avergonzado al daño, hacer que se comporte como si fuera comprensivo no tiene ningún efecto sobre la cantidad de precaución que toma, suponiendo que el legislador asigna la cantidad eficiente de daños.[42] Animar a los conductores a actuar como si fueran comprensivos no es prometedor.

Alternativamente, supongamos que el legislador puede hacer que los conductores actúen como si tuvieran aversión al daño.

---

[41] He aquí la intuición: hacer que la conductora reacia al daño se comporte como si fuera comprensiva hace que actúe como si obtuviera algún beneficio de los daños que paga al peatón en caso de accidente (ésta es la diferencia entre una conductora comprensiva y una conductora reacia al daño). Este beneficio reduce el coste (psíquico) de los accidentes para la conductora, animándola a tomar menos precauciones. Los daños deben aumentar para restablecer el grado de precaución eficiente.

[42] Los conductores egoístas que actúan de forma egoísta y los conductores comprensivos que actúan de forma comprensiva toman precauciones para satisfacer p'x*=1h. *Véanse* las notas 25, 26. Para los conductores egoístas y comprensivos que actúan con compasión, los daños eficientes son iguales a h y, suponiendo que los daños sean eficientes, ambos conductores vuelven a tomar precauciones para satisfacer p'x*=1h. Los conductores con aversión al daño toman precauciones para satisfacer p'x*=1h(1+ α). *Véase la* nota 25. Para los conductores con aversión al daño que actúan como si fueran aversos al daño, los daños eficientes equivalen a. h1-α y suponiendo que los daños sean eficientes, el conductor averso al daño vuelve a tomar precauciones para satisfacer p'x*=1h(1+ α).

Todos los conductores elegirán x minimizar $x+p(x)(D+\alpha h)$. Si un conductor es realmente egoísta, los costes sociales vendrán dados por $x+p(x)h$ y la regla de daños eficiente es $D=h(1-\alpha)$. Se trata de un resultado positivo y sorprendente. Aunque hacer que un conductor egoísta sea averso al daño no reduce los daños óptimos,[43] hacer que un conductor egoísta se comporte como si fuera averso al daño sí lo hace. La clave es que los daños y el daño psíquico de un accidente actúan como sustitutos en este caso. Imaginemos un conductor egoísta que se enfrenta a unos daños eficientes de $D=h$. Cuando empieza a comportarse como si tuviera aversión al daño, toma más precauciones de las que tomaría en caso contrario y más precauciones de las que son socialmente óptimas, porque su aversión al daño no está incluida en el bienestar social (recordemos que la conductora es realmente egoísta). El legislador puede beneficiarse de este aumento de la precaución reduciendo la cuantía de los daños que impone.

¿Y si los conductores son realmente comprensivos? En ese caso, los costes sociales vienen dados por $x+p(x)(h+\alpha h-\alpha D)$ y los daños eficientes se fijan en $D=h/(1+\alpha)$ que, por supuesto, es inferior a h. También es un buen resultado. Hacer que un conductor comprensivo actúe como si tuviera aversión al daño reduce los daños óptimos. Esto se debe a que el efecto disuasorio de los daños para el conductor ya no se ve disminuido por el beneficio que obtiene el conductor al indemnizar al peatón. Aumentar el efecto disuasorio de los daños permite al legislador reducir la cuantía de los daños que deben imponerse para inducir una protección eficaz.

¿Y si el conductor tiene aversión al daño? Elegirá x minimizar $x+p(x)(D+\alpha h)$. Los costes sociales vienen dados por $x+p(x)(h+\alpha h)$ y la regla del daño eficiente sigue siendo $D=h$.

¿Qué efecto tiene todo esto, si es que tiene alguno, en la cantidad de precaución que toman estos conductores? Para el conduc-

---

43 *Véase supra* Parte III.

tor egoísta, actuar como si fuera averso al daño y enfrentarse a daños eficientes produce la misma precaución que si simplemente actuara de forma egoísta y se enfrentará a daños eficientes.[44] En el caso de la conductora reacia al daño, actuar como si fuera reacia al daño no cambia la precaución que toma, por lo que el análisis coincide con el anterior.[45] Sin embargo, el conductor comprensivo que actúa como un conductor averso al daño y se enfrenta a daños eficientes elige la precaución x para minimizar los costes sociales de $x+p(x)(h+\alpha h-\alpha h/(1+\alpha))$. Recordemos que elegiría la precaución para minimizar los costes sociales de $x+p(x)h$ si se enfrentara a unos daños de D=h que sería eficiente si actuara con simpatía en lugar de aversión al daño. Mientras $\alpha>0$ entonces elegirá más precaución si se le induce a actuar con aversión al daño que si no.

En resumen, inculcar una norma para comportarse como si uno tuviera aversión al daño reducirá los daños óptimos de los conductores egoístas y comprensivos, mientras que no tendrá ningún efecto sobre los daños óptimos de los conductores con aversión al daño real. Esta estrategia es especialmente atractiva en el caso de los conductores egoístas. Podemos reducir los daños óptimos que pagan, y mitigar el problema de la prueba de juicio, sin exigir que el conductor sufra daños psíquicos o que el legislador acepte la paradoja de la virtud. Además, esta misma estrategia reduce el daño total de los accidentes causados por conductores comprensivos. Es el único enfoque que promete tanto reducir los

44 La conductora egoísta actúa como si su función de costes fuera igual a $x+pxD+\alpha h$. Los daños son óptimos cuando $D=h(1-\alpha)$. Suponiendo que los daños son óptimos, la conductora egoísta toma precauciones que satisface $p'x^{*}=1h$. Se trata de la misma precaución que tomaría si actuara de forma egoísta. *Véase, supra* nota 25.

45 La conductora con aversión al daño actúa como si su función de costes fuera igual (y de hecho lo es) a $x+pxD+\alpha h$. La indemnización por daños y perjuicios es óptima cuando D=h. Suponiendo que los daños son óptimos, la conductora aversa al daño toma precauciones que satisface $p'x^{*}=1h(1+\alpha)$. Se trata de la misma precaución que tomaría el conductor reacio a sufrir daños en el análisis original. *Véase la* nota 25.

daños necesarios para inducir una precaución eficiente como reducir la cantidad de daños derivados de la conducción.

Como es obvio a estas alturas, la diferencia entre la simpatía y la aversión al daño en este contexto sólo tiene que ver con la forma diferente en que estas preferencias tratan la recepción de daños por parte del peatón. La desutilidad de un accidente para un conductor comprensivo es $D+\alpha h-\alpha D$ mientras que la desutilidad de un conductor reacio a los daños es sólo de $D+\alpha h$. La comparación de estos costes revela que un conductor comprensivo tendrá los mismos incentivos para tomar precauciones que un conductor reacio a los daños si, al producirse un accidente, el conductor es responsable de una multa pagadera al gobierno o de alguna otra sanción que no beneficie al peatón.

Esto significa que, mientras que inculcar una aversión al daño requiere una intervención en las preferencias o compromisos de los individuos, se puede hacer que un conductor comprensivo sea funcionalmente averso al daño simplemente cambiando la naturaleza de la sanción.

En el caso del *homo economicus*, la única característica relevante de una sanción es la cantidad de daño que impone al propio actor. En cuanto tenemos en cuenta las preferencias prosociales, se abren puntos alternativos de influencia sobre la conducta del actor. Uno de nosotros ha escrito sobre los beneficios particulares de los daños y perjuicios como elemento disuasorio para las personas motivadas por la animadversión (es decir, que obtienen una utilidad de que los objetos de su animadversión se vean perjudicados)[46]. En ese contexto, los daños tienen un efecto disuasorio multiplicativo: el pago de daños empeora directamente la situación del actor al privarle del consumo del que de otro modo podría disfrutar, y el pago de daños al objeto de su animad-

---

[46] *Véase* Andrew T. Hayashi, *The Law and Economics of Animus*, VA. PUB. L. Y LEG. THEORY RES. PAPER NO. 2019-57, VA. L. Y ECON. RES. PAPER NO. 2019-18 (2019), https://ssrn.com/abstract=3468455.

versión empeora aún más su situación porque no le gusta ayudar a aquellos a los que quiere ver perjudicados. En el contexto de las preferencias prosociales, vemos lo contrario. Desde una perspectiva de precios eficientes, es mejor hacer que la percepción de los daños por parte del peatón sea menos notoria o sustituir los daños por multas o un trato duro.

La regla de los daños óptimos en este caso también es la misma que en el caso de un legislador utilitarista que induce a un conductor egoísta a actuar como si fuera averso al daño. Esto se debe a que un legislador utilitarista que regula a los conductores egoístas tiene la misma función de coste social que un legislador atomista (independientemente de las preferencias del conductor). La diferencia es que mientras que el legislador atomista puede manipular las preferencias reales del conductor o sus compromisos morales para inducir a actuar como un conductor adverso al daño, el legislador utilitarista no puede cambiar las preferencias del conductor sin cambiar la forma de su función de coste social, por lo que debe confiar en los efectos creadores de hábitos o compromisos de la ley para sustituir la cantidad de daños necesaria para inducir una precaución eficiente.

CONCLUSIONES

La idea de que las "buenas normas" (dispositivos con jerarquía de ley u otros jurídicamente relevantes) pueden contribuir a una buena sociedad, no a través de un sistema de zanahorias y palos, sino expresando buenos valores que mejoren el carácter individual, está muy extendida. Según esta idea, podríamos eliminar, o al menos reducir, las diversas formas de coerción costosa necesarias para dirigir al "hombre malo" hacia una conducta socialmente deseable. Es un planteamiento optimista. Hemos puesto de relieve las dificultades con que tropieza la función expresiva en un marco de bienestar. Un proyecto de cambiar las preferencias individuales no sólo se enfrenta al problema familiar de hacer comparaciones de utilidad interpersonales, sino que puede que no cambie los daños óptimos o la precaución.

Hemos identificado dos formas de aprovechar los beneficios de la función expresiva del derecho. La primera es utilizar la ley para inculcar normas o compromisos morales que no reflejen las preferencias individuales. La segunda es adoptar una función de bienestar atomista que ignore las preferencias prosociales. Ambas soluciones requieren aflojar algunos de los supuestos tradicionales de la economía positiva o normativa, pero también lo hace la mera posibilidad de cambiar valores o preferencias a través de la función expresiva.

Capítulo II

Derecho Privado y Economía. La dogmatización del análisis económico del derecho

RODRIGO BARCIA LEHMANN

INTRODUCCIÓN

Este capítulo aborda al Análisis Económico del Derecho (AED) como un criterio válido para la aplicación del Derecho Privado, especialmente, respecto del derecho de los contratos y del consumo en países de Derecho Continental, como Chile y Colombia. También fija las bases para la aplicación coherente de otras concepciones del Derecho. Finalmente, determina que los derechos fundamentales se aplican al Derecho privado de forma excepcional, como un criterio corrector de éste o de aplicación excepcional y/o preferente.[1]

Asimismo, a partir de lo esbozado podemos reflexionar sobre la obra de BELLO. Respecto del Derecho chileno, estableció claramente el principio de la libre circulación de los bienes como general al derecho privado (ROSENDE, 2015, pp. 94-95), este brocardo no haya evolucionado en el derecho chileno como el reconocimiento del principio de eficiencia. Tal vez una explicación de esto es la tensión que en Latinoamérica ha generado los principios de la libertad y la igualdad. La discusión de fondo

1 Debe decir: El presente capítulo forma parte del Proyecto Fondecyt Regular N° 1231006, La protección del consumidor como una Falla de Mercado. Profesor Dr. Rodrigo Barcia Lehmann, PhD de la Universidad Autónoma de Chile, investigador responsable (2023-2025).

consiste en determinar si a través del Derecho privado se puede, o más bien se debe, realizar una política redistributiva, o más bien su función es la generación de riqueza. La economía, a lo menos la clásica, se ha planteado critica respecto a que sea el Derecho privado pueda tener una función (re)distributiva. Desde la economía se señala que el contrato, que, junto con la propiedad, son las herramientas a través de la cuales funciona el mercado, se debe centrar en generación de riqueza. Y la mejor forma de producir riqueza es precisamente a través del "mercado perfecto". Conforme a este planteamiento lo que debe hacer la regulación es "acercar el mundo real" lo más posible al "mercado perfecto". Ésta forma de entender el Derecho privado seria la forma de "proteger" de mejor manera al contratante débil o al consumidor. Lo básico para un sistema de mercado es que los contratantes, o el consumidor decida informadamente. Por tanto, lo que se busca es que el consumidor realice su compra optando por el producto o servicio que cuente con la mejor relación calidad precio.

Desde una perspectiva normativa, la explicación de la reticencia a aceptar el AED, como una forma de Derecho, obedecería a una cierta ingenuidad del Derecho. Ello se debería, según KORNHAUSER, que para el Derecho la norma jurídica exige un comportamiento, y de no producirse dicho comportamiento, se aplicaría una sanción o se generarían unas consecuencias determinadas en la ley (KORNHAUSER, 200, pp. 19-21). Así, simplemente para perfeccionar el sistema legal se deberá analizar esta relación. Sin embargo, para el AED las personas "ajustan" su comportamiento a la norma, y dicho ajuste debe ser considerado normativamente en la aplicación del Derecho. Yendo un paso más allá del análisis de KORNHAUSER se puede decir que el AED se relaciona fuertemente con el Derecho Posmoderno, basado en principios más que en normas. Y por ello es por lo que precisamente el AED puede ser dogmatizado, como se sostiene en este capítulo.

1. EL PRINCIPIO DE EFICIENCIA Y SU CABIDA EN EL DERECHO PRIVADO

1.1. Planteamiento desde el AED clásico

La justificación del AED[2], y su aplicación, se puede hacer desde diferentes perspectivas, sin ánimo taxativo se abordarán algunas de ellas. En este sentido, para el AED la justificación última del contrato está en el concepto de mercado perfecto. El "contrato perfecto" es una herramienta a través de la cual normativamente nos acercamos más al denominado mercado perfecto; y así se puede trabajar sobre todas las fallas de mercado [3], también esto supone que los contratantes tienen toda la información respecto a posibles eventualidades contractuales. La norma y la sentencia del juez deben acercarse lo más al contrato perfecto, porque esa es la forma en que los contratos generan el máximo beneficio social, es decir, un intercambio óptimo de expectativas (esta es la justificación normativa del contrato para el AED). Ahora bien, el contrato perfecto se debe entender como una poderosa herramienta normativa, que determinar el "deber ser del Derecho". Así en los casos de vacíos regulatorios, el juez puede recurrir a este concepto para los efectos de solucionar controversias jurídicas.

---

2 ACKERMAN destaca el aporte del *AED* al campo de los estudios legales (ACKERMAN, 1984).

3 Algunos autores lo reconocen de esta forma, pero todavía de forma parcial. Así, por ejemplo, MOLINA señala: "[a] su vez, si la justificación de la obligación contractual deriva del valor del derecho de contratos como mecanismo de minimización de los costos de transacción y prevención de conductas oportunistas de los contratantes, hace sentido que los mecanismos de <<integración>> contractual como la doctrina de la buena fe consagrada en el 1546 de nuestro Código Civil, sea también entendida a la luz de este objetivo". MOLINA, p. 177.

1.2. Desde la Teoría del Bienestar Social: el máximo de Pareto corregido por Kaldor-Hicks

Para la economía normativamente es esencial la determinación de una regla conforme a la cual se puedan tomar decisiones. Para el insigne autor italiano, Vilfredo Pareto, las decisiones que se deben tomar en un escenario de máxima eficiencia necesariamente llevan a perjudicar a otro. Este es un escenario de eficiencia "ideal". En otras palabras, se puede plantear esta regla (en una realidad imperfecta), que la decisión a adoptar, entre las varias posibles, es la que no "dañe a otro". Naturalmente una decisión de este tipo sería ineficiente, desde que una decisión que dañe a un grupo, pero genere un beneficio social mayor no podría adoptarse. Nótese que, conforme al cuadro n° 1, de acuerdo con el *máximo de Pareto, sólo se pueden tomar las decisiones* "C" y "G". Ello desde que son los únicos escenarios en que no se perjudica a nadie, por tanto, estos escenarios se corrigen por los profesores KALDOR y HICKS conforme a los cuales se deben admitir todos los escenarios en que haya beneficio social (todos menos "A"). Agregando una compensación potencial para el grupo más perjudicado (el grupo N° 2). En términos de eficiencia distributiva se debería cobrar un impuesto al grupo más privilegiado a favor del más perjudicado (o sea, del Grupo N° 1 al N° 2). CALABRESSI señala que una sociedad no está en el óptimo de Pareto en la medida que un individuo puede estar mejor de lo que está sin perjudicar a nadie. En este sentido, CALABRESI señala que: "*¿Qué es la prueba de Pareto? Es un simple requisito unánime. Dice que una sociedad no está en su posición óptima si existe al menos un cambio que mejoraría la situación de alguien de esa sociedad y empeoraría la de nadie.*"[4] CALABRESI (1991), luego señala que:

---

4 Traducción libre de: "[w]hat is the Pareto test? It is a simple unanimity requirement. It says that a society is not at its optimal position if there exists at least one change which would make someone in that society better off and no one in it worse off". Además, m*ás adelante CALABRESI atacaría fuertemente al principio del óptimo de Pareto como criterio normativo.* Ello se debe a que para el

[y] si la prueba estricta de Pareto es la definición adecuada de eficiencia, entonces lo que es eficiente, aunque pueda ser sólo uno de muchos acuerdos de este tipo. Además, seguirá siendo eficiente al menos hasta que se conozca un acuerdo nuevo y mejor que se pueda lograr sin perjudicar a nadie. Una vez que eso suceda, iremos allí de inmediato, sin necesidad de que un montón de costosos abogados—economistas nos digan que lo hagamos. ¿Por qué dejaríamos de avanzar hacia lo que es unánimemente aceptable si tuviéramos el conocimiento y la capacidad necesarios para hacerlo? ¿Por qué necesitaríamos que alguien nos dijera que deberíamos hacerlo? (Hay nota al pastel). Por supuesto, esto no significa que el lugar donde estamos sea deseable. Tampoco significa que, debido al discurso político o a las innovaciones económicas o tecnológicas, no podamos concluir unánimemente que sería preferible un cambio. Se trata de cuestiones bastante diferentes, sobre las cuales tendré mucho más que decir muy pronto. Pero sí significa que el criterio de Pareto no es de uso general como guía normativa.

---

referido autor nadie está en condiciones de poder determinar cómo remover el obstáculo que impide realizar una acción que perjudica a otro en términos de beneficio, sino se entiende que el beneficio es financiero o económico. Traducción libre de: "[a]nd if the strict Pareto test is the appropriate definition of efficiency, then what is [is] efficient, though it may be only one of many such arrangements. Moreover, it will remain efficient at least until a new and better arrangement becomes known and achievable without hurting anyone. Once that happens, we will go there forthwith, without the need for a lot of expensive lawyer-economists to tell us to do it. Why would we ever fail to move to what is unanimously acceptable if we had the requisite knowledge and ability to do it? Why would we need anyone to tell us that we should do it? (Hay nota al pie). This does not, of course, mean that where we are is desirable. Nor does it mean that, because of political discourse, or economic or technological innovations, we could not find ourselves able to conclude unanimously that a change would be preferable. These are quite different issues, about which I will have much more to say soon enough. But it does mean that the Pareto criterion is of no general use as a normative guide" (CALABRESI, 1991, pp. 1215 y 1216, respectivamente).

Tabla 1. Beneficio Social Vs Pérdida Social

OPERACIONES	A	B	C	D	E	F	G
GRUPO N° 1	20	-5	5	30	20	45	20
GRUPO N° 2	-55	10	10	-5	-10	-10	0
GRUPO N° 3	-10	20	5	10	-5	5	10
BENEFICIO SOCIAL	**-45**	**25**	**20**	**35**	**5**	**40**	**30**
PÉRDIDA SOCIAL (COBRADA POR EL ESTADO)	**65**	**5**	**0**	**5**	**15**	**10**	**0**

Fuente: Calabresi (1991)

1.3. Teoría microeconómica en contexto

La teoría microeconómica normativamente se basa en la noción del mercado perfecto, que es una situación ideal en que la regulación contractual alcanza el máximo de beneficio social. Es una noción abstracta similar al máximo de Pareto. El "mercado perfecto" entendido microeconómicamente es de suma utilidad desde que sirve para establecer dispositivos normativos que solucionen conflictos entre productores y consumidores, que busquen el máximo de beneficio social. Técnicamente el mercado perfecto es un mercado agregado en el que se obtienen el máximo beneficio social (éste se obtiene por la suma del excedente el productor y el consumidor).

1.4. Las fallas de mercado como concepto normativo

Las fallas de mercado tienen la particularidad de especificar mecanismos a través de los cuales normativa y positivamente el Derecho puede promover el mercado perfecto (WILLIAMSON, 1979, POSNER, 2004 y BULLARD, 2012). Nótese que el mercado perfecto es una situación ideal y por tanto inalcanzables, pero mientras más cerca se esté del mercado perfecto mayor será el beneficio social, mejor actuará el mercado como asignador de recursos. En materia de contratos el contrato como intercambio de expectativas logrará su mayor desarrollo normativamente, y se protegerá de mejor forma al consumidor.

Las clásicas fallas de mercado son las siguientes: (i) atentado contra la libre competencia; (ii) asimetrías de la información distributivas; (iii) externalidades positivas y negativas; (iv) costos de transacción; (v) bienes públicos; (vi) problemas de agencia. La relación entre estos conceptos, expectativas optimas de las partes y la protección al consumidor debe determinar la interpretación e integración del contrato y la aplicación de las normas.

1.5. La solución del problema redistributivo desde el AED

Una de las críticas al AED es que este se centra exclusivamente en la eficiencia, dejando de lado la justicia (re)distributiva. A este respecto, cabe señalar dos apreciaciones relevantes. La primera es que el AED de alguna forma es neutro a lo menos desde que sólo se pretende mejorar el funcionamiento del mercado. El AED no es incompatible con criterios de justicia (re)distributiva a lo menos desde dos perspectivas. La primera es que el mercado es un mal asignador de justicia (re)distributiva. En cierto modo el mercado no es capaz de distinguir quién es el rico y quién es el pobre. No se puede suponer que siempre el vendedor o el productor es el rico, y que el pobre es el comprador o el consumidor. Y como esto lo hace de forma defectuosa el Derecho privado, su eventual función distributiva es muy pobre. De este modo, a lo menos a un sistema (re)distributivo se le deberá exigir que discriminar entre quién es el rico y quién es el pobre. Ello es así desde que un sistema (re)distributivo lo que buscará es transferir recursos desde el rico al pobre, y no viceversa.[5]

---

[5] Así, el Derecho de los contratos, y del consumo en especial, en este sentido es un mal asignador de justicia (re)distributiva, desde que suponer que el

Pero, además, la economía clásica sugiere que el Derecho Público tendrá las herramientas para detectar al rico, cobrarle impuestos para de ese modo a través de un "eficiente sistema de transferencias" generar (re)distribución desde el rico al pobre. Incluso la aplicación de reglas distributivas a través de las Cortes es *per se* ineficiente, desde que ello es deseable que se haga a través de la ley[6]. La segunda apreciación es que el AED reconoce que no todo es eficiencia y que aún respecto del Derecho de los contratos y del consumo no siempre primara la formación de riqueza, como si a través de una aplicación eficiente del Derecho se viola un derecho fundamental[7]. Así sucederá si por ejemplo los empleadores o las compañías de seguro de vida pueden comprar información sobre la salud de sus trabajadores o eventuales asegurados a las ISAPRES. Esto será eficiente por cuanto llevará a evitar conductas oportunistas de los eventuales trabajadores o asegurados, pero ello es inaceptable desde que dicha aplicación violaría los derechos fundamentales.

El AED reconoce como decisiones de primer orden las que son ajenos a los criterios de eficiencia, y dichas decisiones de primer orden priman sobre aquellos (CALABRESI, G. y MELAMED, D.,

---

rico es el productor y que el consumidor es el pobre no necesariamente es así (como si el consumidor es Bill Gates).

6 La creación de derechos fundamentales a través de las Cortes es ineficiente desde distintas perspectivas. La primera y más elemental es que los derechos fundamentales suponen costos para la sociedad, los que no son debidamente aquilatados por las Cortes, pero además las Cortes no tienen la legitimidad necesaria para adoptar estas medidas, que sí tiene la ley. POSNER (1989). En segundo lugar, los casos difíciles son aquellos en que la decisión de la Corte, en torno a su proyección, puede destruir mercados. En estos casos la Corte probablemente termine violando derechos fundamentales, desde que desmejorará la situación general de los ciudadanos.

7 Para CALABRESI y MELAMED existen una serie de decisiones que no se sustentan en el principio de eficiencia y tienen que ver con consideraciones axiológicas, morales y económicas que decidimos en sociedad o que nos autoimponemos, como el respeto de los derechos fundamentales (CALABRESI y MELAMED, 1972, pp. 1.089-1.128).

1972). Este planteamiento general reconoce que la lógica planteada —conforme a la cual se aplica e interpreta el Derecho de los contratos y del consumo— cede en caso de conflicto con los derechos fundamentales. Ello plantea uno de los temas más álgidos del Derecho privado, que es su relación con el Derecho público y la determinación de criterios de discriminación entre uno u otro.

2. PLANTEAMIENTO DESDE EL BEHAVIOR LAW AND ECONOMICS

Las críticas al AED no se hicieron esperar desde dos flancos[8]. El primero se levanta desde otras ciencias sociales, y la propia

---

8 La no aplicación del AED en el Derecho continental ha sido ampliamente superada. El Sistema de Derecho continental se basa en una estricta separación de poderes en virtud de la cual a los tribunales solo les cabe la aplicación del Derecho, pero en ningún caso su creación. Este fundamento del Derecho continental es un legado de la revolución francesa y tiene su máxima expresión en el espíritu de las leyes (MOTESQUIEU). Sin embargo, en el sistema consuetudinario, de los países del "*Common law*", los jueces pueden crear Derecho, por lo que dicho sistema estaría en un mejor pie para poder aplicar el AED. Este planteamiento es recurrente en los autores que estudian el AED. Así esta discusión estaba presente en autores clásicos como POSNER o COOTER, pero sobre todo fue abordado por autores europeos, como KIRCHNER o ACKERMANN entre otros. De este modo, KIRCHNER destaca, esto es sólo una parte del problema, ya que la forma de razonar del "*Civil Recht*" es muy diferente a la del "*common law*"; así las cosas, conforme al referido autor: "[s]i parece ser de interés propio de los tribunales en Alemania utilizar su poder legislativo fáctico sólo apegándose estrictamente a los métodos tradicionales de razonamiento jurídico y no permitiendo que juicios de valor externos entren en ese proceso, uno debe preguntarse más por qué los tribunales individuales los jueces deberían estar interesados en hacerlo. Los jueces de los tribunales de niveles inferiores están bajo la limitación de que sus decisiones pueden ser revisadas por tribunales de niveles superiores y, si no se adhieren a los métodos tradicionales de razonamiento jurídico, sus carreras pueden estar en peligro". Traducción libre de *"[i]f it seems to be the self-interest of courts in Germany to use their factual lawmaking power only by sticking strictly to traditional methods of legal*

economía, y el segundo desde el propio campo del Derecho[9]. La primera objeción se alza sobre la esencia del modelo económico, desde que se señala que el ser humano no siempre se comporta de forma racional en sus determinaciones (racionalismo imperfecto) (GERSEN, *et al.*, 2016 y SCHWARTZ, 2015). De esta forma, las personas al tomar las decisiones de compra no serán todo lo racionales que se supone. A ello se suma que se señala que otras ciencias sociales, como la psicología, la antropología o la sociología, son capaces de determinar de mejor forma el comportamiento humano[10]. Estas críticas han sido contestadas desde dos

---

reasoning and not allowing external value judgements to enter that process, one must inquire further why individual judges should be interested in doing so. Judges of law courts on lower levels are under the constraint that their decisions may be revised by courts at higher levels, and, if they do not adhere to the traditional methods of legal reasoning, their careers may be in danger" (ACKERMAN, 1986, pp. 929-47 y KIRCHNER, Christian, 1991 p. 282). Las conclusiones de KIRCHNER no eran demasiado alentadoras por cuanto una aproximación positiva, en el sistema de Derecho continental, es decir, vía promulgación de ley, sería muy difícil dada la imposibilidad de aceptar criterios de interpretación e integración propios del AED. Esta discusión hoy se ve superada, y se observa una absorción de los conocimientos económicos por el Derecho (HARNEY, *et. al.*, 2009, pp. 98-101).

9 El *AED*, desde el punto de vista científico, ha evolucionado al <<*behavior law and economics*>> (economía del comportamiento) y la neurociencia, con autores de la relevancia de Daniel KAHNEMAN, David SCHKADE, Alan KRUEGER, y Richard THALER (KAHNEMAN, *et al.*, 1991, pp. 193-206).

10 Así, desde la propia economía, y fundamentalmente de la psicología se ha criticado uno de los supuestos fundamentales del AED, que los contratantes se comportan de forma racional al momento de contratar. A estas críticas se suman unas que provienen del ámbito del Derecho. La crítica más certera se dirige hacia el consumidor, que no siempre es racional en su toma de decisiones. Y, como ello es conocido por el productor, entonces se produciría un abuso de una parte sobre la otra (KAHNEMANN, SLOVIC y TVERSKY, 1982, y AKERLOF y SCHILLER, 2015). Hay críticas al *AED* desde la perspectiva interna del Derecho. De esta forma, tempranamente FRIED (2000, pp. 45-61) y especialmente WEINRIB (2012, p. 5), PAPAYANNIS (2006) y PEREIRA (2019) plantean que el Derecho privado tiene una lógica interna, que excluye justificaciones o fundamentaciones de otras ciencias sociales.

ángulos. Primero se señala que la economía como un anticipador del comportamiento humano no exige que el ser humano sea "siempre" racional, sino que basta con que lo sea en la mayoría de los casos. Para simplificar, en la mayoría de los casos la gente preferirá pagar menos por productos similares, independientemente que algunas personas prefieran pagar más por lo mismo (o sea, sean irracionales). Segundo, el *law economics* ha dado lugar al *behavior law and economics*, señalándose que en realidad el centro de estudio es el comportamiento humano, y que, por tanto, normativamente puede recurrirse a otras ciencias sociales.

La segunda objeción proviene del campo del Derecho y se señala que las ciencias jurídicas tienen su sustento en consideraciones de justicia y equidad, más que de eficiencia. Existiría, de este modo, una lógica interna del Derecho que la economía desprecia, y desconoce. En realidad, muchas de estas consideraciones son (re)distributivas. Por ello están íntimamente relacionadas con el rol que se le asignará al Derecho privado en el futuro. También se levantan justificaciones alternativas al contrato, sobre todo a la contratación masiva, en el equilibrio contractual, la justicia contractual, en la colaboración o solidaridad contractual o en la protección del contratante débil. Todas estas tesis, aún la proveniente del *AED*, descansan sobre una concepción normativa: El bienestar social[11].

El origen de esta corriente se remonta al "derecho justo". STAMMER, 1902 y LARENZ, 2001, pp. 22 a 32.

11 El *AED*, si bien se construye sobre la autonomía de la voluntad, la ejecución del contrato se basa en consideraciones de justicia correctiva. RÖDL (1996, p. 59), que, además, tiene incidencia en el bienestar social. En cambio, otras tesis objetivas se sustentan de forma directa en consideraciones de justicia social, es decir, en consideraciones distributivas. La contra objeción más relevante del *AED* a estas tesis proviene que ellas en muchos casos no logran los objetivos de justicia social que se proponen y que fallan en su justificación empírica. Una mirada al *AED* desde un prisma (re)distributivo: KRONMAN, 1980 y LEWINSOHN-ZAMIR, 2006.

El equilibrio del contrato tiene sustento en las tesis de la Iglesia Católica que proponen una vuelta al concepto de "precio justo"[12]. Pero como destaca PEREIRA, siguiendo a HART, estas tesis no tienen por qué ser necesariamente contradictorias. Ello se debe a que su aplicación se puede producir en campos diferentes. PEREIRA sostiene que las teorías contractuales, como la tesis liberal que sirve de fundamento al AED, no tiene por qué conducir a una tesis general del contrato, sino que puede convivir con otras fundamentaciones en la medida que el ámbito de aplicación de dichas tesis sea diferente. Así, por ejemplo, para el referido autor la solidaridad —como tesis contractual— serviría para sustentar contratos relacionales, como la sociedad, pero no serviría para justificar contratos onerosos conmutativos (PEREIRA, 2022, pp. 18-25).

3. REELABORACIÓN DEL PLANTEAMIENTO DESDE LA DOGMÁTICA JURÍDICA

Las críticas precedentes de alguna forma ya fueron abordadas por el AED, desde que la explicación del comportamiento, y específicamente del comportamiento del consumidor, no se obtiene sólo de la racionalidad (entendida como *homus economicus*). Así, las criticas precedentes fueron recibidas por el AED, influyendo fuertemente en los incentivos regulatorios de comportamiento. Estas críticas dieron lugar a la literatura de *behavior law and economics.* Esta evolución del AED daría lugar a un sinnúmero de teorías, que mejorarían la previsión del modelo económico respecto del comportamiento de los regulados.

Por citar algunas de estas teorías están las provenientes de lo que podríamos denominar como el *endowment effect* (Thaler 1980); *status quo bias* (SAMUELSON and ZECKHAUSER, 1988); *loss aversion* (ver: https://www.behavioraleconomics.com/mini-encyclopedia-of-be/endowment-effect/); el *nudge theory,* entendi-

---

[12] En nuestro país hay interesantes trabajos en este sentido (LÓPEZ, 2015).

da como un incentivo regulatorio de una entidad que permite corregir la conducta irracional (CASS SUNSTEIN and RICHARD THALER); o el *BE model* o cómo enfrentar el denominado *The Voltage Effect in Behavioral Economics* (John A. LIST). Desde la perspectiva dogmática ocurriría otro tanto, desde que el AED ha influido fuertemente en el Derecho, ya no sólo desde una perspectiva crítica, sino desde una perspectiva interna o propia del Derecho. La evolución del AED desde esta perspectiva ha sido notable. En un principio se planteó la imposibilidad aplicar el AED en los países del Derecho continental (se señalaba que sólo procedía respecto de los países del *common law*), para finalmente aplicar el AED, pero dentro de la propia dogmática jurídica.

4. ¿SUSTENTOS DOGMÁTICOS COMPLEMENTARIOS O CONTRAPUESTOS AL PRINCIPIO DE EFICIENCIA?

Desde la dogmática jurídica es posible también sustentar el Derecho de los Contratos y del Consumo desde las siguientes estas perspectivas.

4.1. El sustento del contrato en la equidad o justicia (re)distributiva

Esta es la tesis prevalente que en realidad considera al deudor, y al consumidor, como parte débil (en materia de consumo: AIMONE, 2013, pp. 29-33). Esta tesis es una consecuencia del Derecho de los contratos, y está naturalmente ligada a la noción de contratos de adhesión. Dicho contrato es aquel en virtud del cual una de las partes tiene el poder suficiente, como para imponer las condiciones en que ha de contratar, pudiendo sólo la otra aceptar o rechazar la suscripción del contrato. Raymond SALEILLES fue el primero en plantear esta teoría. Para el referido autor estos contratos no eran tales, debiendo ser considerados como simples declaraciones unilaterales de voluntad. Por otra parte, Friedrich KESSLER basó su teoría de la explotación en la teoría de los contratos de adhesión.

El vendedor en un contrato de adhesión, conforme a KESSLER, es la parte dominante, ya que puede imponer las condiciones del contrato al comprador, y éste sólo podrá aceptar o repudiar las condiciones propuestas. Es así como en los contratos de adhesión no existiría una verdadera libertad contractual[13].

De esta forma, los productores tenderán a establecer causales de exención total de responsabilidad y los compradores, al ser la parte débil de la relación jurídica, se verán obligados a aceptar. En palabras de Dean PROSSER, sin la intervención judicial o legal, las garantías sobre las cualidades de los productos fabricados equivaldrán a un pesado yunque. En virtud de ello, esta teoría señala que el legislador o el Juez deben intervenir en forma directa para restablecer el equilibrio entre las partes. También se ha sostenido que partes relevantes del Derecho privado, como del consumo, se sustentan en la protección de los derechos fundamentales. Sin embargo, esta posición no es necesariamente contraria al AED, desde que esta posición seria complementaria a considerar a la libre competencia como un derecho fundamental[14]. Pero lo que se hace necesario es concretizar lo que se entiende por un derecho fundamental, si se quiere, al funcionamiento del mercado, y no simplemente a la reconducción de la solución judicial a un equilibrio entre las partes.

---

13 Esto en realidad no es efectivo, en los contratos de adhesión las partes negocian sus elementos de la esencia, pero lo hacen de forma indirecta.

14 En este sentido para ISLER el reconocimiento de los derechos del consumidor, dentro del catálogo de los derechos fundamentales, no es contrario a lo que acá se plantea desde que se reconoce como derecho fundamental la libre competencia (ISLER, 2019, pp. 191-193). Lo que sí es novedoso es que la intervención del juez sólo se justifica en la intervención de una falla de mercado.

4.2. El sustento del contrato en las teorías colaborativas

Una variante de la tesis precedente es la que se desprende del sustento del contrato en las tesis colaborativas, y de equilibrio contractual. Estas tesis no son necesariamente contrarias a lo que se ha plantea, desde que ellas permiten acercarse al mercado perfecto, pero se critica el extrapolarlas a la búsqueda de efectos (re) distributivos directos a través del Derecho privado.

En Chile se han referido a la tesis a través de planteamientos que se centran en el equilibrio contractual (LÓPEZ, 2022), o en la colaboración contractual, como sustento de la contratación moderna. Esta tesis ha sido planteada como una forma de justificar un deber secundario o funcional de comportamiento del acreedor (PRADO, 2015, pp. 47-171, 2016, p. 59 y CHAMIE, 2018, pp. 113-117). Asimismo, esta tesis también se ha planteado como de solidaridad contractual (COURDIER-CUISINIER, 2006). También, BERNAL-FANDIÑO presenta esta tesis como solidaridad contractual, y da lugar a deberes precontractuales de cooperación, coherencia y lealtad (BERNAL-FANDIÑO, 2007).

En todo caso, una crítica a esta posición, que se sustentan en consideraciones de justicia (re)distribuirlas, consiste en que luego de hacer sinónimos autonomía privada con mercado, en el pensamiento liberal propio de la Ilustración, se critica la autonomía privada, como sustento de contrato, y se obvia al mercado como sustento del contrato. Así no se critican, ni se analizan las formas en que modernamente los conceptos propios del mercado inciden en la teoría del contrato[15].

---

15 A modo ejemplar BERNAL-FANDIÑO, 2007, p.95, señala: "[f]rente a una lógica liberal, que afirma la autonomía de la voluntad y la primacía del mercado, se inscriben las doctrinas más sensibles a una necesaria conciliación entre autonomía privada e intervención pública, ante la constatación de la imposible realización de una auténtica libertad contractual, debido a la inexistencia de igualdad en las posiciones de las partes del contrato. En ellas se busca no la realización de la libertad, sino de la justicia, lo que exige una

CONCLUSIONES

No se debe pensar que una concepción económico/jurídica del contrato, y de la relación de consumo, —es decir, conforme a una lógica propia o interna—, es incompatible con la aplicación al Derecho de los contratos, y al consumo, de los derechos fundamentales. La intervención judicial, basada en la transgresión a un derecho fundamental, no es ajena a la esencia del Derecho de los contratos al AED. En otras palabras, la intervención del Estado en estos casos está plenamente justificada, pero no obedece a la noción de falla de mercado, como si un productor es racista y discrimina a un consumidor. Ello en abstracto puede ser "eficiente" (cómo si la solución racista ayudara a generar más riqueza), pero no es admisible. Acá se puede apreciar el actuar del derecho fundamental en su esplendor y ser aplicado sobre consideraciones de eficiencia. Pero lo que ello no quiere decir que le Derecho privado no tenga una lógica y coherencia interna diferente a la teoría de los derechos fundamentales, o que ambos sistemas no puedan coexistir con un ámbito de aplicación diferente.

Lo que en este capítulo se ha planteado en abstracto es que el Derecho de los contratos, y del consumo, puede aplicarse conforme al AED, y que ello no es incompatible con la aplicación de los derechos fundamentales, como criterio corrector. La lógica interna del Derecho privado se relaciona con aspectos positivos, entre los cuales es relevante el incentivo regulatorio y la internacionalización de la propia regulación en el actuar de los contratantes.

---

intervención judicial, no sólo para preservar el libre con-sentimiento de las partes, sino también la equidad de las estipulaciones y la equivalencia de las prestaciones. Ello supone un cambio en la consideración del contrato, dejando de entenderse como mero acuerdo de voluntades, para calificarse como instrumento de intercambio económico, lo que supone un nuevo enfoque, que pasa del acuerdo a la relación, adquiriendo así relevancia no sólo la fase de formación, sino también la de ejecución y la interpretación del mismo (Carbonnier, 2001: 288 y ss.; De Cossio, 1994: 33; Gete-Alonso, 2008: 129; Doral-García, 2011: 112-129)".

En cambio, la intervención correctiva de los derechos fundamentales exige una consideración ético-superior, que por cierto prima, pero que exige una fundamentación ético-superior. En otras palabras, el criterio de corrección es excepcional y obedece a una clara visión ético-superior.

Capítulo III

Derecho y Empresa. Reglas para la insolvencia y el reemprendimiento: sobre la reforma a la ley n° 21.536

PATRICIO VALDÉS FUENTEALBA

INTRODUCCIÓN

El Derecho Concursal ha sido entendido como aquella rama del Derecho que estudia y regula la actividad de los deudores y acreedores en situación de insolvencia. Se compone de un conjunto de normas de carácter procesal y sustantivo, abocada a dos objetivos principales[1], por un lado, lograr el restablecimiento del equilibrio económico en la situación financiera de una persona natural o jurídica; por otro, impedir que el deudor insolvente continúe contratando y contrayendo obligaciones[2].

El dinamismo de las relaciones comerciales impone la necesidad de dar una continua revisión de la regulación normativa de las mismas, con la finalidad de poder brindar reglas adecuadas que las regulen. Para la modernización del sistema concursal chileno la autoridad fiscalizadora de la época (Superintendencia de Quiebras)

---

1 Valdes P., Lagos., J., "Derecho Concursal Chileno, Análisis de la ley N° 20.720, de insolvencia y reemprendimiento, Tirant Lo Blanch, Valencia. 2012.

2 Arturo Prado Puga, «Síntesis de la Legislación de Quiebras en Chile». (Comunicación presentada en la "Conferencia del Profesor Titular de la Facultad de Derechos de la Universidad de Chile, don Arturo Prado Puga, Mérida, México, 08 de Noviembre de 2006). https://www.institutoiberoamericanoderechoconcursal.org/images/doctrina/documentos/Sintesis_Legislacion_Quiebras_Chile.pdf

se abocó al estudio y análisis de diversas experiencias normativas recogidas en el derecho comparado, buscando nuevas luces en cuanto al tratamiento de la materia. Para ello consideró la legislación alemana, estadounidense, española, brasilera y el sistema inglés[3].

Del estudio y revisión efectuado se establecieron los objetivos de la nueva regulación, siendo uno de ellos el de satisfacer la "imperiosa necesidad de crear un régimen especial para las personas naturales que se encuentran en incapacidad de responder de sus obligaciones financieras, por distintas razones"[4].

De esta manera, dentro de las normas de insolvencia que caracterizan a la legislación chilena, cobra real interés el tratamiento de aquella respecto de la persona natural, por cuanto se trata de una innovación introducida por la Ley N° 20.720 de Insolvencia y Reemprendimiento y que ha venido a regular un vació importante.

La insolvencia de la persona natural o física es un problema financiero que puede afectar la vida personal y profesional de las personas. En Chile, la legislación establece un marco legal para el tratamiento de la insolvencia, con el objetivo primordial de permitir la reorganización y recuperación económica de los deudores.

La Ley de Insolvencia y Reemprendimiento, estableció un procedimiento de renegociación de deudas y un procedimiento de liquidación forzosa simplificado para las personas naturales insolventes, y por medio de la reciente modificación introducida por la Ley N° 21.563, se establece además un procedimiento simplificado de liquidación voluntaria aplicable a personas deudoras y a las micro y pequeñas empresas. Junto a la anterior, se suprime la anterior Superintendencia de Quiebras, y se crea la Superintendencia de Insolvencia y Reemprendimiento cuya función principal consiste en fiscalizar y supervisar el cumplimiento de la ley.

---

3 En https://www.superir.gob.cl/bibliotecadigital/publicaciones/estudios/

4 Historia de la Ley N.° 20.720, Primer Trámite Constitucional: Senado, Mensaje N.° 081-360, de 15 de mayo de 2012.

Desde un punto de vista metodológico hemos analizado la legislación chilena, explorando las consecuencias de este estado financiero, permitiendo presentar algunas medidas para su prevención y solución. Conjuntamente hemos analizado los procesos de insolvencia para personas físicas no comerciantes como un mecanismo de acceso a la justicia y examinado las perspectivas de la Ley de Segunda Oportunidad, de manera de proporcionar una visión general de la insolvencia de persona física en la legislación chilena y en otros países, así como presentar algunas medidas para su prevención y solución.

1. CONSECUENCIAS DE LA INSOLVENCIA EN LA PERSONA FÍSICA

En aquellas situaciones en que una persona no puede hacer frente a sus obligaciones económicas o deudas, se encuentra en una situación de insolvencia. La insolvencia de la persona física es un problema financiero que puede tener diversas consecuencias en la vida personal y económica del individuo.

A continuación, se presentan algunas de las principales consecuencias de la insolvencia de la persona física:

1. Pérdida de bienes. La insolvencia puede llevar a la pérdida de bienes que son utilizados como garantía para el pago de las deudas. Esto puede incluir la vivienda, el automóvil y otros activos que el deudor haya puesto como garantía.
2. Dificultades para obtener crédito. La insolvencia puede afectar la capacidad del deudor para obtener crédito futuro. Los antecedentes de insolvencia pueden ser considerados por las entidades financieras al evalúa la solicitud de préstamos o créditos, lo que dificulta el acceso a financiamiento para proyectos personales o empresariales.
3. Embargos y ejecuciones judiciales. En casos de insolvencia, los acreedores pueden recurrir a acciones legales para recu-

perar sus deudas. Esto puede incluir embargos de bienes o ejecuciones judiciales de aquellos para efectuar el pago de las deudas pendientes.

4. Estrés y ansiedad. La insolvencia puede generar un alto nivel de estrés y ansiedad en la persona afectada. La preocupación constante por las deudas y la falta de recursos para hacerles frente puede tener un impacto negativo en la salud mental y emocional del individuo.

5. Limitaciones laborales. La insolvencia puede afectar la vida laboral de la persona física. Algunas profesiones o empleos requieren de una buena reputación crediticia, por lo que la insolvencia puede dificultar la obtención o el mantenimiento de ciertos trabajos.

6. Otras consecuencias legales. En algunos casos, la insolvencia puede tener consecuencias legales, más allá de las propias relativas a los juicios en que se pretende liquidar o reorganizar el patrimonio. Por ejemplo, la posibilidad de que las actuaciones del insolvente sean consideradas como constitutivas de delito.

De esta manera podemos señalar que la insolvencia de la persona física puede tener consecuencias significativas en diferentes aspectos de la vida, desde la perdida de bienes y dificultades para obtener crédito, hasta estrés emocional y consecuencias legales no patrimoniales, por lo que resulta fundamental tomar medidas para prevenirla.

2. PERSONAS FÍSICAS NO COMERCIALES COMO UN MECANISMO DE ACCESO A LA JUSTICIA Y APLICACIÓN DE LA SEGUNDA OPORTUNIDAD

Como se ha planteado anteriormente, el tratamiento de la insolvencia en las personas físicas no comerciales es una materia de reciente regulación conforme a la legislación chilena, de manera que su tratamiento, contenido en la Ley N° 20.720, ha venido a solucionar un problema de acceso a la justicia, respecto de quienes desean utilizar mecanismos adecuados a la solución de su problema financiero, sin tener que esperar que sus acreedores sean quienes accedan a la justicia ordinaria activando mecanismos propios de los procedimientos ejecutivos individuales, relativo a cobro de obligaciones insolutas, careciendo de la universalidad que caracteriza el Derecho Concursal. De esta manera, el acceso a la justicia concursal constituye un desafío crucial en la protección de los consumidores insolventes.

Diversos son los motivos por los cuales los distintos procedimientos de cobro de deudas no funcionan adecuadamente, ni de manera eficiente, ya sea por la idiosincrasia cultural, así como por el deficiente diseño normativo, sumado a la falta de incentivos económicos tanto para los acreedores como para los consumidores, lo cual limita su participación únicamente en los procesos de mediación y conciliación.

Resaltan entre los principales problemas para la aplicación de procedimientos de ejecución, distintos a los del Derecho Concursal, aplicables a personas físicas no comerciantes: excesiva carga laboral de los juzgados de competencia común, principalmente enfocados en resolver cobranzas bancarias; falta de celeridad procesal, provocando que los plazos desincentiven su utilización; inexistencia de incentivos económicos para que los acreedores recurran a procesos de mediación, y a inexistencia de sanciones para aquellos acreedores que no participen en la mediación.

Como propuesta para superar estos problemas detectados, se consideraron diferentes factores, así se contempló; reconocer la necesidad de que se regulara un mecanismo judicial para el proceso de conciliación por sobreendeudamiento, de manera que se facultara a los deudores para iniciar dicho proceso en el momento que estimaren oportuno; la posibilidad del deudor de oponerse a juicios ejecutivos; se establecieran parámetros objetivos y casuales determinadas para abordar procedimientos de insolvencia; y se informara adecuadamente a los deudores sobre la existencia de mecanismos judiciales de resolución de la insolvencia, proporcionando información clara y accesible sobre los procedimientos legales.

Por lo anterior, la actual legislación concursal chilena, con el establecimiento de procesos de insolvencia para las personas físicas, asegura el acceso al sistema judicial, suponiendo un avance en el desarrollo del derecho de exoneración de deudas y una oportunidad para adecuar el sistema a los consumidores.

De la misma manera, la actual regulación permite el establecimiento de una segunda oportunidad para los consumidores, en el contexto de esta ley se refiere a la posibilidad que tiene la persona física de obtener una reorganización de sus deudas y, en ciertos casos, la remisión de estas, permitiéndoles comenzar de nuevo y recuperarse económicamente después de enfrentar situaciones de insolvencia.

Para acceder a la segunda oportunidad, la persona física debe presentar una solicitud ante el tribunal de justicia correspondiente a su domicilio, demostrando que se encuentra en una situación de sobreendeudamiento y que no es capaz de cumplir con sus obligaciones financieras. El tribunal evaluará la situación y, en caso de que se cumplan los requisitos establecidos en la ley, podrá dictar una resolución que permita reorganizar las deudas del deudor o, en casos extremos, conceder la remisión de algunas deudas.

Es importante tener en cuenta que la segunda oportunidad no es un mecanismo automático y debe ser analizada y autorizada por un tribunal, considerando diversos factores, como la situación económica y patrimonial del deudor, la naturaleza de las deudas y el cumplimiento e ciertos requisitos legales.

La incorporación de esta figura en la legislación chilena buscó brindar una protección adicional a las personas físicas que enfrenten dificultades financieras y permitirles una oportunidad para reorganizar sus finanzas y recuperase de situaciones de insolvencia, favoreciendo así la reactivación económica y la estabilidad financiera de los individuos.

3. LA LEGISLACIÓN CHILENA Y EL TRATAMIENTO DE LA INSOLVENCIA DE LA PERSONA FÍSICA

Para la legislación chilena se comprende en el concepto de Persona Deudora a aquellas que no han sido consideradas por el legislador en lo referido a las personas naturales contribuyentes de Primera o Segunda Categoría de la Ley de Impuesto a la renta, por tanto, se trata de un concepto residual que comprende a aquellas personas naturales que obtienen renta producto del trabajo dependiente, con contrato de trabajo[5].

La insolvencia de la persona física es un problema financiero que puede afectar la vida personal y profesional de quienes se ven involucrados en ella. En Chile la legislación estableció un marco legal para el tratamiento de la insolvencia, con el objetivo de permitir la reorganización y recuperación económica de los deudores, generando diversos mecanismos para alcanzar dichos fines.

De esta manera, la Ley de Insolvencia y Reemprendimiento, recientemente modificada, establece tres procedimientos destinados a ser aplicados por personas naturales, otorgando con ello opciones para el pago de las deudas de manera viable y sostenible en el tiempo.

Estos procedimientos son reflejo de los diversos principios reguladores del Derecho Concursal, pudiendo reconocer en ellos el Principio de la Racionalidad Económica[6], materializado en la

---

5 Se comprende por Empresa Deudora a toda persona jurídica de derecho privado, con o sin fines de lucro, y toda persona natural que, dentro de los veinticuatro meses anteriores al inicio del Procedimiento Concursal correspondiente, haya sido contribuyente de primera categoría".VALDES, P.; LAGOS, J., Derecho Concursal Chileno. Análisis de la Ley N° 20.720, de insolvencia y Reemprendimiento, Tirant lo Blanch, año 2021.

6 Gómez, *El Derecho...*, 33-35; Puga, *Derecho Concursal...*, 148, el autor es de la opinión de que exista una relación balanceada entre las posibilidades de liquidar y las de reorganizar, en base a una seria evaluación; Ripol Carulla, «Venta de unidad productiva y consecución de la finalidad del concurso»,

continuidad de las actividades económicas, por cuanto de no mediar aquello se afectaría en mayor medida la economía; Principio de continuidad de la actividad económico-profesional, basado en la viabilidad de la actividad económica; Principio de la Prontitud de Juzgamiento, que pretende cubrir la situación de inestabilidad e incertidumbre generada por las condiciones del propio proceso y controlar las externalidades negativas producidas por el tiempo de desenvolvimiento del mismo[7]; Principio de Celeridad, desde una concepción procesalista en cuanto el proceso debe sustanciarse sin dilaciones, simplificando trámites y eliminando aquellos no esenciales[8], pretendiendo un procedimiento ágil y eficaz[9].

Por una parte, el procedimiento de renegociación de deudas permite al deudor, voluntariamente, presentar una propuesta de acuerdo de reestructuración a sus acreedores, con el fin de establecer un plan de pago que sea viable y sostenible en el tiempo. Si la propuesta resulta aceptada por la mayoría de los acreedores, se procede a su homologación judicial y se establece un plan de pagos, conforme a la capacidad económica del deudor[10]. Este procedimiento se desarrolla ante la Superintendencia de Insolvencia y Reemprendimiento, desde donde emana su carácter administrativo y gratuito para las partes,

---

2, el autor es de la opinión de que la venta de unidad productiva es la solución a la liquidación que logra una mayor aceptación en consideración a los intereses contrapuestos que existen, en la medida que logre la satisfacción de crédito de los acreedores, conservación de la actividad económica y de los puestos de trabajo.

7 GANDULFO, E., Sobre Preclusiones procesales en el Derecho Chileno en tiempo de Reformas. Ensayo de una Teoría General desde un Enfoque Valorativo Jurídico. En IUS et Praxis, V 15, N.° 1, Talca, 2009.

8 Tribunal Constitucional, Sentencia Rol N.° 3123-16, de 29 de junio de 2017.

9 FLORES, V., El Principio de celeridad en los jueces de la niñez y adolescencia y sus efectos jurídicos en el juicio de alimento. Universidad Autónoma de Los Andes, 2014.

10 Ley N° 20.720 que Sustituye el Régimen Concursal vigente por una Ley de Reorganización y Liquidación de empresas y personas, y perfecciona el rol de la Superintendencia del Ramo. Artículo 260 y siguientes.

y su finalidad consiste en pretender alcanzar acuerdos entre el deudor y sus acreedores, que permitan al deudor salir de la situación de insolvencia, con la colaboración de sus acreedores.

Por otro lado, el procedimiento de liquidación implica la venta de los activos del deudor para pagar a los acreedores, en la medida de lo posible, con el resultado de la realización de los bienes del deudor, extinguiendo las deudas y dando por finalizado el proceso. Este procedimiento tiene carácter judicial y su origen puede emanar de un acto voluntario del deudor, como forzoso por parte de los acreedores. Producto de la reciente reforma en materia concursal, contenida en la Ley N° 21.563, se ha establecido un nuevo procedimiento aplicable a las personas físicas, relativo a Procedimiento de Liquidación Voluntario Simplificado. Se trata de un procedimiento de carácter judicial y voluntario cuyo objetivo es liquidar de manera ordenada y eficiente los bienes del deudor, para proceder al pago de los acreedores.

Su principal característica es lo acotado de la tramitación, tendiente a obtener la recuperación financiera del deudor en el menor tiempo posible y acotar los costos financieros que representa la tramitación de un proceso judicial.

4. MEDIDAS PREVENTIVAS DE LA INSOLVENCIA DE LAS PERSONAS FÍSICAS

Si bien la Chile cuenta con una moderna y recientemente actualizada legislación concursal, que viene a regir los efectos de la insolvencia del deudor persona natural en lo que acá respecta, y que dice relación a la responsabilidad civil que las obligaciones difieren sobre el patrimonio del insolvente, consideramos que este tratamiento no se encuentra concebido para evitar precisamente la insolvencia sus procedimientos y los nocivos efectos antes ya expuestos.

Es por lo anterior que resulta necesario proponer mecanismos preventivos de la insolvencia de la persona natural, dentro de los cuales destacan:

1. Educación Financiera: Dentro del marco de propuestas destinadas a capacitar a las personas para el normal desenvolvimiento en el mercado, es importante indicar que una adecuada educación financiera, con componentes jurídicos, brindaría un mayor conocimiento relativo al manejo de ingresos y egresos, evitando situaciones de insolvencia[11].
2. Asesoría en la reestructuración de deuda: en el sentido de brindar poyo especializado a las personas naturales, que voluntariamente deseen comprender el contenido y alcance de su pasivo, de manera de poder ordenar y priorizar sus deudas, consolidándolas, por ejemplo, con intereses más convenientes o mejores plazos de ejecución, sin requerir la concurrencia de la totalidad de sus acreedores, ni la puesta en marcha de procesos reorganizativos.
3. Asesoría en la identificación de cociente de endeudamiento. En el sentido de poder orientar las personas naturales, para que conozcan y comprendan la proporción de deuda que poseen en relación su activo, de manera que comprendan su real capacidad de endeudamiento[12]. El conocer y comprender su cociente de endeudamiento les permitiría identificar preventivamente la probabilidad de caer en insolvencia.
4. Finalmente, es necesario considerar que el tratamiento de la insolvencia de la persona natural, conforme a la legislación chilena, no impone la obligación de que el insolvente,

---

11 FERRADA Cristian, y otros. Revisión Sistemática sobre educación financiera en el Contexto Educativo Primario, en Revista Lasallista Investig. V.19, Caldas, junio 2022.

12 Comisión para el Mercado Financiero, Informe de Endeudamiento 2022, www.cmfchile.cl

sometido a un procedimiento de reorganización o liquidación deba ser educado en finanzas personales, con la finalidad de evitar que vuelva a caer en insolvencia.

CONCLUSIONES

El tratamiento de la insolvencia por parte de la legislación concursal chilena se encuentra abocada a su regulación una vez acaecida la imposibilidad de dar cumplimiento a las obligaciones, de manera de regular los efectos de ella.

De esta manera se infiere que, si bien se reconocen los grandes avances en la regulación del derecho concursal, existe una deuda con la sociedad, en el sentido de que este tratamiento debiese ser también preventivo, para evitar estas situaciones que generan tantas consecuencias negativas a quienes caen en ella.

Un tratamiento preventivo de la insolvencia generaría un economía y mercado más sano, mayor confianza entre los agentes económicos, ahorro de recursos estatales en la mantención y tramitación de procedimientos concursales de reorganización y liquidación, y ciudadanos más empoderados en su comportamiento, toma de decisiones y actuaciones dentro del mercado.

Capítulo IV

Política de Libre Competencia. Consideraciones prácticas para la promoción de la libre competencia: una revisión preliminar desde Colombia, Chile y Ecuador

RUBÉN MÉNDEZ REÁTEGUI
MABEL CANDAMO PÉREZ
CAMILA BATALLAS CÓRDOVA
PATRICIO VALDÉS FUENTEALBA
PABLO CARRIÓN CARRIÓN

INTRODUCCIÓN

En Colombia, Chile y Ecuador, la Libre Competencia no solamente constituye ei correlato jurídico del proceso competitivo y la concurrencia económica, sino también es un derecho y un bien jurídico de "primer orden", que permite y proyecta que las personas y las empresas puedan participar en diferentes actividades económicas, ofertando o satisfaciendo sus necesidades a través del consumo de productos y/o servicios que incorporen los siguientes elementos: a) buenos precios, c) calidad, d) variedad y c) innovación. Esta consideración es primigenia no solamente para la doctrina, sino que se encuentra refrendada a nivel regional e internacional por las respectivas autoridades administrativas de cada país, en un afán por materializar y efectivizar la tutela y protección de este bien jurídico.

En ese orden de ideas, por ejemplo, se identifica que la "nueva" Superintendencia de Competencia Económica del Ecuador contextualiza lo siguiente "la competencia es el conjunto de esfuerzos que desarrollan los agentes económicos que, actuando independientemente, rivalizan buscando la participación efectiva de sus bienes y servicios en un mercado determinado" (2023). Se reconoce entonces que la Libre Competencia constituye una dualidad que abarca un plano deontológico (deber ser) y uno ontológico (ser). Y es desde el segundo componente, que su promoción efectiva coadyuva el bienestar de la sociedad (bienestar social o agregado), es decir, que sus integrantes en su día a día consumen productos o solicitan servicios social e individualmente útiles y/o relevantes. Es más, el impacto positivo que generan los agentes económicos que se adhieren a los "estándares" de la libre competencia como medio de participación efectiva, se convierte entonces en uno de los aspectos fundamentales de la economía de un país que asume un posición abierta y libre, es decir, de respeto a la propiedad privada, la libertad de empresa y a la libertad de asociación y contratación. Este ha sido el recetario instituido por aquellos países que han superado la etapa emergente y se han consolidado como economías desarrolladas.

Además, lo anterior nos lleva sostener que el propósito de implementar herramientas como la Libre Competencia, tiene su origen en la necesidad de ordenar el plano nacional aspirando a una efectiva y proactiva internacionalización de las estructuras productivas. Esto se alinea perfectamente con la lógica de las empresas como unidades de producción, al encontrarse incentivadas por el sistema competitivo a disminuir los precios de los productos y/o servicios, bajar los costos de producción y reducir el desperdicio lo cual supone una conexión válida entre los objetivos sistémicos de *long run performance* (sostenibilidad del proceso competitivo) y "*short term performance*" (satisfacción del interés legítimo del consumidor). En consecuencia, se produce un impacto favorable en el mercado y la economía de los consumidores y/o usuarios (Cernat, 2004) lo circunstancia que —*a priori*— constituye el eje analítico de este capítulo.

Entonces, este capítulo, además de complementar el aporte previo donde se revisa la fundamentación conceptual del derecho antitrust y de sus consideraciones regulatorias, tiene como primer propósito abordar ideas que inspiran y avalan tanto la promoción como la defensa de la libre competencia en un sentido general y descriptivo, es decir, compartiendo cómo se entienden por parte de los distintos sistemas jurídicos internacionales: a) la oportunidad para elevar el bienestar de los consumidores como se expresa en países como Colombia y Ecuador; y b) materializar esfuerzos inspirados en la lógica de la eficiencia total en los mercados como, por ejemplo, constituye el caso chileno, atendiendo además que en tipo de casos, la competencia adquiere por objeto, promover que entorno más adecuado para que los beneficios que los agentes económicos reciben del intercambio en una economía (de libre mercado) sean los máximos posibles, lo que en definitiva, está en armonía con una economía donde los consumidores acceden a una mayor oferta de bienes a mejor calidad y a costo. (Irarrázabal, 2010)

1. SOBRE EL PORQUÉ DE LA PROMOCIÓN DE LA LIBRE COMPETENCIA

La libertad económica, en conjunto con un respeto racional y razonable de los *property rights*, reconocida en los marcos constitucionales latinoamericanos, consiste principalmente en la facultad que tiene toda persona de realizar actividades de carácter económico, según sus preferencias o habilidades, con miras a crear, mantener o incrementar un patrimonio se compone por la libertad de empresa.

Ello, es el fundamento de la actividad económico—productiva de los particulares, y la libre competencia que supone el derecho a competir en el mercado sin ser discriminado. Cuando la competencia económica no es libre, es desleal o injusta se produce un daño que afecta no sólo a determinados productores de bienes y servicios o a los consumidores respectivos, sino también al conjunto de la colectividad. Por el contrario, cuando la competencia no adolece de estas fallas, esto es, cuando es libre, leal y justa, el mercado, mediante la acción de las fuerzas de la oferta y la demanda se torna eficiente y provee grandes beneficios a la comunidad (Ángel y Estrada, 2011).

Podemos concebir entonces a la libre competencia económica, como un derecho individual y a la vez colectivo, cuya finalidad es alcanzar un estado de competencia real, libre y no falseada, que permita la obtención del lucro individual para el empresario, a la vez que genera beneficios para el consumidor con bienes y servicios de mejor calidad, con mayores garantías y a un precio real y justo (Henao, 2023). Por ello, la protección a la libre competencia económica tiene también como objeto la competencia en sí misma considerada, es decir, más allá de salvaguardar la relación o tensión entre competidores, debe impulsar o promover la existencia de una pluralidad de oferentes que hagan efectivo el derecho a la libre elección de los consumidores, y le permita al Estado evitar la conformación de monopolios, las prácticas restrictivas de la competencia o eventuales abusos de posiciones dominantes que produzcan distorsiones en el sistema económico competitivo (Henao, 2023). Así, se garantiza tanto el interés de los competidores, el colectivo de los consumidores y el interés público del Estado. Lo anterior nos permite entonces englobar el porqué de la promoción de la libre competencia como elemento coadyuvante para una economía y su contexto o entorno societal.

1.1. SOBRE LAS HERRAMIENTAS DE PROMOCIÓN DE LA LIBRE COMPETENCIA

Las herramientas de promoción de la Libre Competencia son regulaciones económicas en su mayoría indirectas que involucran al Estado, debido a que este debe desarrollar legislación e instituciones que promuevan una práctica que favorece a los consumidores, es decir, la sociedad. En Ecuador y en Chile, la Superintendencia de Competencia Económica y la Fiscalía Nacional Económica, respectivamente, tienen la potestad de corregir, prevenir, eliminar, y sancionar las prácticas anticompetitivas que afectarían el bienestar del consumidor[1]. La Constitución de la República del Ecuador abarca la libertad de contratación y la libertad de desarrollar las actividades económicas, "objetivos de la política comercial: evitar las prácticas monopólicas y oligopólicas, particularmente en el sector privado y otras que afecten el funcionamiento de los mercados" (CRE, 2008, art 304.6). Al estar expreso en la Constitución que no se admiten las conductas anticompetitivas, la legislación secundaria debe ir acorde a lo que dice la norma suprema, sino sería inválido, aunque el desarrollo de la legislación pertinente sigue desarrollándose.

Sin embargo, resulta pertinente acotar que, en Chile, la vigente Constitución Política (1980) no reconoce el "derecho a la libre competencia" como un derecho humano y, por lo tanto, no genera la exigencia que la comunidad en su conjunto (*interés general explícito*) deba velar por su protección. Aunque sí de manera sobrentendida (*interés general explícito*) encuentra su origen en el derecho fundamental de libertad económica. Este derecho constitucional consiste en la posibilidad de desarrollar cualquier actividad económica que no sea contraria a la moral, al orden público económico y a la seguridad nacional (CRCH, 1980, art 19, numeral 21).

Ese orden de ideas, según el profesor peruano Pinkas Flint Blanck, "el objetivo de proteger a la libre competencia económica surge de la necesidad de controlar los excesos de los ofertantes en materia de producción, así como de castigar estas prácticas para lograr un buen funcionamiento de la concurrencia en el mercado". Como se ha aducido, en Ecuador y Colombia, la Libre Competencia constituye un bien jurídico protegido que requiere del Estado para proporcionar la igualdad jurídica entre los

---

1 Para Ecuador ver: https://www.sce.gob.ec/sitio/. Para Chile ver: https://www.fne.gob.clPara el caso colombiano se prevé la actuación de la Superintendencia de Industria y Comercio (https://www.sic.gov.co).

agentes económicos, es decir, los competidores[2] (Guerra, 2012). Por lo tanto, ambos países hacen un hincapié en el desarrollo del mercado. Cabe destacar que en particular en Ecuador el nuevo gobierno de 2021-2025 en su plan de gobierno, ha considerado realizar tratados de libre comercio con ciertos países; entonces el país debe tener un *control ex ante* y otro *ex post* porque es necesario que las empresas que serán contratadas a nivel internacional sean capaces de reducir costos de transacción y otros factores de incidencia y de esta forma no ser marginados en el mercado internacional.

Las herramientas que utilizan las autoridades que protegen y promocionan la libre competencia en Ecuador y Chile son la regulación (indirecta) de los mercados y la política de competencia estableciendo reglas de comportamiento, en otras palabras, se establecen reglas de acceso, permanencia y responsabilidad que condicionan el marco de actuación de las empresas que están en el mercado. Para el caso Ecuatoriano el marco normativo se enfoca en la prevención, promoción y control de la competencia corresponde, y en ese sentido, la Superintendencia de Competencia Económica resulta siendo un organismo técnico de control, con capacidad sancionatoria, de administración desconcentrada, con personalidad jurídica, patrimonio propio y autonomía administrativa, presupuestaria y organizativa. (Pinkas, 2002).

2 EL Artículo 333 de la Constitución Política de Colombia proporciona las bases para un modelo de interés general explicito y preocupado por la satisfacción del interés legítimo del consumidor: La actividad económica y la iniciativa privada son libres, dentro de los límites del bien común. Para su ejercicio, nadie podrá exigir permisos previos ni requisitos, son autorización de la ley. La libre competencia económica es un derecho de todos que supone responsabilidades." Esta modelización se matiza para el caso ecuatoriano. Aunque, ciertamente, las propuestas colombiana y ecuatoriana disienten, en mayor medida, de la propuesta chilena al momento de abordar la conceptualización de la libre competencia en concordancia con los fines y propósitos u objetivos del sistema.

Ecuador podría estar categorizado como un país que cuenta con un Derecho antimonopólico y de defensa de la competencia, pero no lo aplica con la intensidad suficiente como para que sea efectivo dentro del sistema económico. De hecho, esta es la situación que ha predominado en toda la región, indicando así que la cultura del consumidor no está relacionada directamente con los indicadores que promueve la libre competencia, sino que los mismos consumidores no están al tanto de los derechos que les otorga la libre competencia, por lo que no tienen conciencia sobre su propio bienestar.

Cabe destacar que Ecuador "recientemente" ha incorporado el derecho de competencia en el mercado, a través de un cuerpo legal unificado y explícito, a diferencia de otros países latinoamericanos como Colombia y Chile. Un coadyuvante fáctico de esta situación es la necesidad que tiene los países por "facilitar" la administración —en el sector público y privado— de recursos (activos) tangibles e intangibles que resultan fundamentales para promover la innovación empresarial y que estas las unidades económicas y productivas (independientemente de su dimensión) se mantengan vigentes en el mercado; es decir, incidir en la generación de un entorno económico donde no se incrementen los costos —institucionales— de transacción y facilitar la labor del Estado. Esto claramente implica la expedición de parámetros para garantizar un entorno de concurrencia en términos de acceso, permanencia y salida del mercado.

En Ecuador, la Superintendencia de Competencia Económica, como encargada de controlar el correcto funcionamiento de los mercados y proteger el bienestar general ha construido su propuesta de acción a través del establecimiento de objetivos estratégicos que están orientado a la ciudadanía y al fomenta de la competencia, transparencia y eficiencia (replicando, en parte, la apuesta del sistema colombiano). Esto también supone contemplar el parámetro de regulación y control, es decir, "fortalecer el control en materia de defensa de la competencia, enfocados en reducir las distorsiones del mercado y detectar las prácticas anticompetitivas", y constreñirse a objetivos de optimización de procesos y recursos "fortalecer las capacidades institucionales garantizando una visión en conjunto entre los distintos órganos de la SCE que garanticen una gestión eficiente" (Superintendencia de Competencia Económica, s. f.)[3].

La Ley Orgánica de Regulación y Control del Poder del Mercado contiene las directrices que corresponden a las guías orientativas para los usuarios del sistema de defensa de la libre competencia. Este es uno de los avances más importantes en Ecuador dentro de la legislación secundaria sobre el derecho de competencia. En el caso chileno, la legislación especial en materia de competencia tiene una larga tradición —desde 1959—, sin embargo, a partir de 1973, con la promulgación del Decreto Ley N° 211 (D.L. N° 211), es que la ley define la creación de un sistema de defensa de la competencia propiamente tal. El artículo primero del D.L. N° 211 establece que el objetivo de la ley es "promover y defender la libre competencia en los mercados". Podrán notar que es un objetivo amplio, ya que no sólo mandata a los órganos de defensa de la competencia a velar porque no se cometan ilícitos anticompetitivos, sino también les impone la responsabilidad de promover, esto es, difundir activamente la libre competencia en los mercados, asuntos de competencia de la Fiscalía Nacional Económica.

Como ya hemos insinuado y a diferencia de muchas otras legislaciones, en el caso chileno el legislador ha optado por una tipificación abierta –el art. 3 del D.L. N° 211 define el ilícito como «cualquier hecho, acto o convención que prevenga, restrinja o entorpezca la libre competencia o que tienda a producir estos efectos». De esta forma, cualquier acción potencialmente puede ser anticompetitiva, en la medida que produzca efectos sobre los

---

3 Es posible identificar amplios niveles de conciencia en términos de objetivos estratégicos entre Ecuador y Colombia. Sin embargo, se deben "sumar diferencias" si se trae a colación la experiencia chilena en materia de regulación y control del proceso competitivo.

mercados afectados o que pueda llegar a producirlos. El sistema chileno no utiliza los conceptos *per se* como ocurre en los sistemas jurídicos anglosajones (Irarrázabal, 2010).

La defensa de la competencia en Chile está en manos de aquellas instituciones que, por mandato legal, tienen jurisdicción sobre materias que afectan la competencia en los mercados y el ejercicio de las libertades económicas de los agentes como la Fiscalía Nacional Económica y el Tribunal de Defensa de la Libre Competencia. Por lo tanto, los pilares sobre los que el Sistema chileno de Defensa de la Libre Competencia se ha ido consolidando se basa en primer lugar, en una economía de libre mercado como el mecanismo de asignación de recursos, donde no existe control de precios, y respecto de la cual el sistema de competencia viene a ejercer el rol de garante de que las condiciones que posibiliten los beneficios de este modelo económico se satisfagan (Irarrázabal, 2010). En segundo lugar, un alto estándar técnico en las decisiones, que se refleja no sólo en la separación de funciones entre el TDLC y la FNE, sino también en la existencia de un tribunal especializado. Y finalmente, se reconocen las garantías de debido proceso –administrativo, judicial y orgánico— y de respeto a principios jurídicos esenciales del sistema chileno que entrega la Corte Suprema.

2. SOBRE LA ABOGACÍA DE LA COMPETENCIA

En países como Chile, Colombia y Ecuador, la Abogacía de la Competencia está representada por todas aquellas actividades que se encuentran estrechamente relacionadas a la promoción de un medio favorable a la competencia en las actividades económicas, que utiliza mecanismos que no son represivos. Entonces la abogacía de la competencia apunta a facilitar la realización de estudios, informes especiales y opiniones sobre las condiciones de competencia en los diferentes sectores de la economía. Estas investigaciones sobre las estructuras del mercado y estudios, además, pueden cumplir con el propósito de detectar posibles barreras, entradas o salidas que estén corrompiendo el entorno de libre competencia. Sin embargo, abarca un campo de acción amplio que contiene tanto a los sectores de la economía regulados (intervenidos de forma directa e indirecta) como aquellos que (explícitamente) no lo están.

Asimismo, una revisión de la reglas de juego vigentes en los países antes indicados permite sostener la idea que la administración pública con base en los resultados que emite la abogacía de la competencia debe: emitir recomendaciones, solicitar las reformas normativas pertinentes y a manera de operadores económicos deben verificar que las gestiones sean favorables para el entorno de competencia. Según De La Calle (s. f.) "la defensa de la libre competencia se encuentra bajo la responsabilidad de una autoridad de competencia que efectúa tareas de control ex post y ex ante", por lo que es necesario entender a qué se refiere con ex post y ex ante. De acuerdo con este autor ex post es el control que se utiliza para comprobar si existe alguna conducta que pueda restringir o afectar la competencia; mientras que el control ex ante es el estudio de los proyectos de regulación con el fin de evitar que promuevan conductas opuestas a las que busca la libre competencia, por lo que se realiza este proceso antes de su expedición.

En buena cuenta y en un sentido amplio, el objetivo principal de la Abogacía de la Competencia tanto para Colombia, Chile y Ecuador es conciliar con las políticas económicas del Gobierno, desde la protección de los derechos del consumidor y la implementación de criterios de competencia en órganos estatales.[4] Por

---

4 De manera general en las tres jurisdicciones se admite que la Abogacía de la Competencia tiene un trasfondo instrumental y legalista. Por lo tanto, resulta pertinente la forma de aproximar conceptualmente a la Abogacía de la Competencia por parte de la Superintendencia de Industria y Comercio de Colombia (2023), sobre todo cuando sostiene que "su origen es "legal" y sus objetivos normativos persiguen 1) el fomento de la cultura de la libre competencia al interior del Estado; y 2) el apoyo al ejercicio de la facultad de intervención del Estado.

lo tanto, el campo de acción de esta se centrará en el asentamiento de mecanismos que permiten la remoción de barreras de entrada, y buscar la funcionalidad de los mercados desde la evaluación de los proyectos de ley, con el propósito de evitar el condicionamiento de la competencia. Lo anterior se justifica en el hecho de que la libre competencia puede caracterizarse como un derecho de todos que otorga al Estado la responsabilidad de impedir que se obstruya o restrinja la libertad económica y evitar el abuso de la posición dominante que pudiesen llegar a tener los agentes económicos (Ángel y Estrada, 2011). Así, se protege constitucionalmente la libertad económica de dichos agentes para acceder al mercado en condiciones de libre concurrencia, como también las condiciones de competencia que permiten a los consumidores escoger libremente los bienes o servicios ofrecidos, según sus preferencias de calidad o precio.

CONCLUSIONES

Se infiere entonces que el derecho de competencia requiera de sistemas como la implementación de controles *ex post* y ex ante para evitar que se restrinjan o limiten las actividades económicas. Por ejemplo, los comportamientos desleales como la organización de carteles, que son acuerdos tácitos entre las empresas que se hacen con el fin de que todas tengan la misma retribución económica. Sin embargo, si existe un mercado que compite se resguardaran los intereses y la economía de los consumidores, pero si esto se obstruye los comportamientos monopólicos serán los que imperan, haciendo que a los consumidores les suban los costos, provocando así una posible afectación en el consumidor.

En Chile el reciente proyecto de Constitución de 2022 —que fuera rechazado— contemplaba un marco jurídico que busca garantizar la efectividad de la igualdad y libertad como bases del subsistema constitucional económico, en materia de derecho de la competencia. Esta propuesta tenía como base el sistema constitucional estadounidense, en el que la política de defensa de la libre competencia es uno de los principios estructurales de su sistema político, al considerar que uno de los pilares de una "democracia fuerte" es una "economía fuerte", pues esta favorece el bienestar general y permite la posibilidad de competir en el mercado (Alarcón, 2016).

El marco dentro del cual la libre competencia tiene razón de ser es una economía de mercado, donde la normativa antimonopólica se impone como uno de los principales límites a la libertad de emprendimiento, y un pilar en la prevención y detección de abusos en los mercados. Así, a través de esta rivalidad se protege el bienestar de los consumidores y de la sociedad en general (Labbé, 2022). A su vez, tal como mencionamos existe un reconocimiento de la institucionalidad que no es expreso, pero nuestros tribunales de justicia han defendido de manera sistemática la libre competencia. Tal es así que la Corte Suprema en sus decisiones ha sido categórica cuando apunta que la libertad económica termina si afecta la libre competencia. Asimismo, la Fiscalía Nacional Económica se ha dedicado a investigar las conductas antimonopólicas sin descanso. "La independencia y carácter técnico de las autoridades se muestran como características fundamentales de un sistema que busca combatir las arbitrariedades que se producen en los mercados" (Riesco, 2021).

Capítulo V

Derecho, Educación Financiera y Consumo. Educación financiera y asimetría de la información: un esbozo preliminar

RONALD THALER TORO HUILCAPÁN

INTRODUCCIÓN

En Chile, el organismo técnico interviniente en esta materia es el Servicio Nacional del Consumidor[1], el cual tiene la labor de difundir los derechos y deberes del consumidor y realizar acciones de información y educación del consumidor, así lo establece el artículo 58 de la Ley 19.496 que hoy se encuentra refundida por el Decreto 3 con fuerza de ley de 2019[2]. Actualmente esta labor no incluye sanciones en caso de no cumplir, restringiéndose sólo a facultades consistentes en fiscalizar, mediar y demandar casos en que se incumpla la Ley del Consumidor por parte de los proveedores de bienes o servicios.[3]

Por otro lado, estudios económicos nos revelan que hoy en día existen altas cifras de endeudamiento, entre los que encontramos datos de la Encuesta Financiera de Hogares[4] (con un tamaño

---

1 En adelante e indistintamente, SERNAC o SERNAC Financiero.

2 En adelante e indistintamente, entiéndase la referencia a la Ley N° 19.496 y del DFL N°3 por Ley del Consumidor o las siglas LPDC.

3 Este capítulo tiene un carácter preliminar y se enmarca en la investigación realizada en la Universidad Autonoma de Chile titulada "Educación financiera y su papel en la reducción de la asimetría de la información".

4 En adelante, EFH.

muestral de aproximadamente 4,9 millones de personas) que indica que el 55% de los hogares (Banco Central, 2018-1) tuvieron deuda de consumo (pp. 16), y un 43 % en los resultados de la misma encuesta para el año 2021 (p. 29). Así como también otros datos que nos revelan el porcentaje de la relación entre la deuda total y el ingreso anual de los hogares chilenos, los que precisan que para el año 2018 esta fue de un 71,5 %, (Banco Central de Chile, 2018-2, p. 5) y de un 49,0 % del PIB el primer trimestre de 2023 (Banco Central de Chile, 2023, p. 6). Estos datos sugieren que la educación financiera resulta importante para evitar el endeudamiento excesivo y para tomar decisiones financieras informadas.

Con relación a lo expresado, el consumo aumenta a medida que las personas tienen más dinero, así lo refleja el informe económico de Chile elaborado por el Banco Mundial al revelar el crecimiento del PIB chileno (11,7 % en 2021), principalmente por consumo, a raíz de las retiradas de fondos de pensiones y ayudas fiscales directas por el valor del 10 % del PIB, siendo una de las recuperaciones económicas más rápidas del mundo. (Banco Mundial, 2023, p. 37), lo que a su vez refleja una correlación con las cifras "Imacec Comercio" que ha tenido el país.

La creciente tendencia hacia un mayor nivel de consumo plantea motivos de inquietud, ya que resulta fundamental garantizar una adecuada educación al consumidor financiero con el propósito de prevenir el sobreendeudamiento, que puede derivar de la falta de comprensión en la gestión de contratos de crédito destinados al consumo.

Para todos los efectos, entendemos que la educación financiera, frente a la asimetría de la información, comprende a personas con diferentes niveles de conocimiento que podrían o no poseer productos financieros, siendo de mayor consideración aquellos que no poseen el conocimiento sólido necesario para auto valerse financieramente. Ante todo, destacamos la importancia de contribuir en la protección de los consumidores, la promoción de la educación financiera, la mejora en los mecanismos de resolución de conflictos y en la estabilidad y desarrollo sostenible del sistema económico a nivel país y ese constituye el objetivo de este capítulo sistematizado en cuatro secciones, dentro del cual abarcaremos a modo general la realidad del consumidor financiero desde la perspectiva chilena. Comenzaremos viendo las consecuencias de no poseer una buena base de educación financiera para luego explorar el papel protagónico del SERNAC en esta materia, en virtud de su deber legal de proteger y educar financieramente a los consumidores. Luego haremos un contraste entre los procedimientos de reclamación ante esta institución y los demás procedimientos judiciales y extrajudiciales, para así finalizar con algunas de las estrategias legales que se han implementado con el tiempo y han influido directa o indirectamente en la protección del consumidor financiero.

1. CONSECUENCIAS DE LA FALTA DE EDUCACIÓN FINANCIERA

Se entiende que una persona no posee educación financiera cuando no cuenta con las herramientas necesarias para saber cómo lidiar con las diferentes circunstancias económicas que afronte ni sepa dónde acudir para asesorarse efectivamente. La educación financiera es un problema subyacente en la sociedad chilena que, ya sea directa o indirectamente, influye en la economía nacional. Al respecto, consideramos las siguientes circunstancias consecuentes de una persona que posee escasos conocimientos financieros:

- La falta de ahorro e inversión: Esto implica que no tiene la capacidad de planificar sus ingresos y gastos, ni de aprovechar las oportunidades que ofrece el mercado financiero para generar rentabilidad y proteger su patrimonio, lo que genera una situación de endeudamiento excesivo, que afecta la calidad de vida y el bienestar de la persona y su familia.

- La vulnerabilidad ante los riesgos financieros: Esto significa que la persona no tiene los conocimientos ni las habilidades para identificar, evaluar y gestionar los posibles eventos adversos que pueden afectar su situación económica, como la pérdida del empleo, una enfermedad, un accidente o una emergencia, por lo que es propenso a que obtenga una reducción del ingreso disponible, un deterioro del patrimonio o una insolvencia financiera.

En relación con lo anterior se refiere Armenteros *et al.* (2023) al indicar que "el comportamiento de rebaño está presente cuando los individuos imitan a un grupo en el momento de tomar decisiones, tanto racionales como irracionales, ignorando otra información y sin tener en cuenta su propia opinión". En consecuencia, tenemos dos conceptos descriptivos de las personas a la hora de hallarse frente a decisiones económicas, el exceso de confianza y el comportamiento de rebaño, los que conforman el axioma psicológico del problema que nos suscita. En contraparte destacamos que, a mayor educación financiera, mayor será el aporte a la inclusión financiera para los consumidores, así lo señalan estudios realizados por Lusardi (2019), Atkinson y Messy (2013) y Grohmann *et al.* (2018) en Valencia *et al.* (2023):

> La educación financiera es una variable que guarda una correlación directa con la inclusión financiera y que es fácilmente demostrable que, a un mayor grado de conocimientos financieros, también se tiene un claro efecto de beneficio en el uso y entendimiento de los productos ofrecidos por la banca tradicional y legal. (Valencia *et al.*, 2023).

Las personas, por tanto, al no poseer un buen estándar de educación financiera quedan expuestas a lo que el colectivo determine correcto o a lo que consideren que pueden perder, y como el colectivo en Chile no posee una buena base de educación financiera son susceptibles de tomar decisiones precipitadas. En este lineamiento se refiere también Kahneman (2003) al indicar que:

> El valor de un bien para un individuo parece ser mayor cuando el bien se considera como algo que se puede perder o a lo que se

puede renunciar que cuando el mismo bien se evalúa como una ganancia potencial[5]. (Kahneman, 2003)

2. EL SERNAC COMO UN MECANISMO DE REDUCCIÓN DE LA ASIMETRÍA INFORMATIVA

El SERNAC es un organismo público que tiene como misión proteger y promover los derechos de los consumidores (Servicio Nacional del Consumidor [SERNAC], s. f. 1). Entre sus deberes se encuentran la de educar, informar y fiscalizar (art. 58 LPDC). Sin embargo, también presenta algunos defectos que limitan su efectividad y alcance, entre las que destacamos con mayor énfasis la falta de capacidad sancionatoria, que reduce su poder disuasivo frente a las infracciones de los proveedores, limitado solo a recurrir en conjunto a las demandas colectivas ante los tribunales de justicia, con los consiguientes costos y demoras, y por otro lado, la limitada difusión de la educación financiera.

Ante este panorama, se hace necesario reformar el marco legal e institucional del SERNAC, para fortalecer su rol y mejorar su gestión. Algunas propuestas de mejora son:

- Dotar al SERNAC de autonomía constitucional y presupuestaria, para garantizar su independencia y eficiencia.
- Otorgar al SERNAC facultades normativas y sancionatorias, para que pueda dictar reglamentos, imponer multas y ordenar medidas correctivas a las empresas que vulneren los derechos de los consumidores.
- Fomentar la participación y el empoderamiento de las organizaciones de consumidores, para que puedan colaborar con el SERNAC en la educación, la fiscalización, la mediación y la representación judicial de los consumidores.

---

5 Traducción elaborada en base a DeepL.

Estas propuestas coinciden en gran medida con las presentadas en el proyecto de ley del gobierno de Gabriel Boric durante su Cuenta Pública 2023, quien ha planteado la necesidad de crear un nuevo SERNAC con más poderes y recursos, que sea capaz de enfrentar los desafíos del siglo XXI y garantizar una economía social y solidaria, siendo las principales materias por innovar, las de sanciones para empresas y mejora en su gestión de reclamos (Gobierno de Chile, 2023).

3. LA LEGISLACIÓN CHILENA Y LOS MECANISMOS ALTERNATIVOS DE SOLUCIÓN DE CONFLICTOS

Los conflictos contractuales crediticios entre particulares son aquellos que se originan por el incumplimiento de las obligaciones derivadas de un contrato de préstamo, crédito o financiación entre personas naturales o jurídicas que no son entidades financieras. Estos conflictos pueden resolverse por distintas vías, tanto judiciales como extrajudiciales, dependiendo de las circunstancias del caso y de la voluntad de las partes.

Las reclamaciones ante el SERNAC son una vía administrativa que permite a los consumidores presentar sus quejas contra los proveedores de bienes o servicios que hayan vulnerado sus derechos. El SERNAC puede intervenir en estos casos para facilitar la mediación entre las partes y fiscalizar el cumplimiento de la normativa vigente. Sin embargo, esta vía tiene algunas limitaciones, como el hecho de que el SERNAC no puede resolver el conflicto por sí mismo, sino que depende de la voluntad de las partes para llegar a un acuerdo, y que el plazo para tramitar las reclamaciones puede ser largo y variable.

Por su parte, entre los procedimientos judiciales, se encuentran la acción ejecutiva, la acción ordinaria y la acción de nulidad. La acción ejecutiva es aquella que permite al acreedor exigir el pago de la deuda mediante un proceso rápido y sencillo, siempre que cuente con un título ejecutivo que acredite la existencia y exigibilidad de la obligación. La acción ordinaria es aquella que permite al acreedor reclamar el pago de la deuda mediante un proceso más complejo y prolongado, cuando no dispone de un título ejecutivo o cuando el deudor plantea excepciones o defensas. La acción de nulidad es aquella que permite al deudor impugnar la validez del contrato o de alguna de sus cláusulas, por vicios del consentimiento, ilegalidad o abusividad.

Entre los procedimientos extrajudiciales, se encuentran la mediación, el arbitraje y la negociación. La mediación es un método alternativo de resolución de conflictos en el que las partes acuden a un tercero imparcial, llamado mediador, que les ayuda a alcanzar un acuerdo voluntario y satisfactorio para ambos. El arbitraje es un método alternativo de resolución de conflictos en el que las partes someten su controversia a un tercero independiente, llamado árbitro, que emite una decisión vinculante y ejecutable para ambos. La negociación es un método directo de resolución de conflictos en el que las partes dialogan entre sí para resolver sus diferencias y llegar a un pacto consensuado.

Estos procedimientos judiciales y extrajudiciales presentan ventajas y desventajas en relación con las reclamaciones que se pueden realizar ante el SERNAC, el cual puede intervenir en los conflictos contractuales crediticios entre particulares cuando se trata de contratos celebrados en el marco del mercado de consumo, es decir, cuando una de las partes actúa como consumidor final y la otra como proveedor habitual de bienes o servicios, y solo obrando como mediador entre empresas y consumidores ante reclamos individuales, así como interviniente al demandar colectivamente por incumplimientos que afecten a los consumidores (SERNAC, s. f. 1). Al respecto, algunos criterios para comparar las ventajas y desventajas de los distintos procedimientos son: el costo, el tiempo, la eficacia y la flexibilidad. A continuación, se presenta una tabla comparativa:

Tabla 2. Criterios para comparar las ventajas y desventajas

Procedimiento	Costo	Tiempo	Eficacia	Flexibilidad
Acción ejecutiva	Alto	Corto	Alto	Bajo
Acción ordinaria	Alto	Largo	Medio	Medio
Acción de nulidad	Alto	Largo	Bajo	Medio
Mediación	Gratuitos para el consumidor (Art. 56 A, Ley 20.555)	Corto	Variable, dependerá de la voluntad de las partes	Alto
Arbitraje	Lo mismo que la mediación, salvo que se rechace controversia por haber existido cosa juzgada. (Arts. 56 A y 56 E, Ley 20.555)	Corto	Medio	Medio
Negociación	Bajo	Corto	Variable	Alto
Reclamación ante SERNAC	Gratuito para el consumidor, salvo se rechace por haber existido cosa juzgada (Art. 56 E, Ley 20.555)	Medio	Medio	Bajo

Fuente: Elaboración propia en base a León, C. (s.f.), Corte Suprema de Chile (2022), Senado de Chile (s. f.), Grez, P. (2012), Lehuedé, J. (2020), Servicio Nacional del Consumidor (s. f. 2), Decreto 84 de 13 de diciembre de 2022 y Ley 20.555.

Como se puede observar, no existe un procedimiento ideal para resolver todos los conflictos contractuales crediticios entre particulares, sino que cada uno tiene sus ventajas y desventajas según el caso concreto, además, ejercer uno u otro también podría presentar algunos inconvenientes colaterales, como la falta de garantías jurídicas, la desigualdad de poder entre las partes y la posible pérdida de derechos al no poder ejercer todas una vez agotada una vía, caso propio de la cosa juzgada. Por ello, es importante contar con la debida información del caso a caso y analizar las características y circunstancias de cada situación antes de optar por una u otra vía, así como contar con el asesoramiento jurídico adecuado.

4. ESTRATEGIAS LEGALES PARA PREVENIR LA INSOLVENCIA POR CRÉDITOS DE CONSUMO

Los créditos de consumo son una forma de financiamiento que permiten a las personas acceder a bienes y servicios que de otra manera no podrían obtener. Sin embargo, también implican un riesgo de sobreendeudamiento e insolvencia, especialmente cuando los consumidores financieros no cuentan con información suficiente y transparente sobre las condiciones, costos y consecuencias de los contratos que suscriben. Es por tanto la asimetría informativa, entre los proveedores y los consumidores financieros, un problema estructural que afecta la eficiencia y la equidad del mercado crediticio, y que puede generar situaciones de abuso, discriminación y vulneración de derechos.

Para enfrentar este problema, existen diversas normas legales que buscan proteger a los consumidores financieros y regular el funcionamiento del mercado de créditos de consumo. Entre ellas, se ordenan y explican a continuación las normas más relevantes sobre la materia.

La primera norma es la Ley 20.555, publicada en 2012, que modifica el Código Civil y la Ley 19.496 sobre protección de los derechos de los consumidores, para dotar de atribuciones en materias financieras, entre otras, al servicio nacional del consumidor. Esta norma tiene como objetivo evitar las prácticas abusivas e ilegales en cuanto a los créditos.

Otra norma estratégica la compone el Decreto 43 del 13 de julio de 2012, que regula la información que deben entregar los proveedores a los consumidores financieros sobre los créditos de consumo. Esta norma tiene como propósito garantizar el derecho a la información de los consumidores financieros, y promover la transparencia, la competencia y la comparabilidad en el mercado crediticio. Para ello, el decreto 43 fija los requisitos mínimos que debe contener "la publicidad, promoción, oferta, cotización u ofrecimiento al público o a un consumidor en particular, así como durante la vigencia y el término de este, y en los demás contratos, productos y servicios asociados a los créditos de consumo" (artículo 1).

Entre estos requisitos se encuentran: informar el costo total del crédito y la carga anual equivalente (CAE), que incluye todos los intereses, comisiones y gastos asociados; incluir una primera hoja con un resumen estandarizado de las principales cláusulas del contrato (artículo 37); informar todos los precios, tasas, cargos, comisiones, costos, tarifas, condiciones y vigencia de los productos o servicios ofrecidos conjuntamente, si los hubiere (artículo 5); indicar las causales de término anticipado al contrato, la duración del contrato y el costo por término o pago anticipado (artículo 11); además se le otorga al consumidor el derecho a que se le informe por escrito las razones del rechazo a la contratación del crédito, siempre y cuando este lo solicite (artículo 19).

Por último, destacamos la Ley 20.720, promulgada en 2014, que establece un régimen general para los procesos concursales de las empresas y personas naturales. Esta norma tiene como finalidad facilitar la solución extrajudicial de los conflictos derivados del sobreendeudamiento, y otorgar una segunda oportunidad a los deudores que se encuentran en situación de insolvencia. Para ello, la Ley 20.720 crea dos procedimientos: uno de renegociación de las deudas impagas con los acreedores, y otro de liquidación voluntaria de los bienes del deudor para el pago de sus obligaciones. Además, la Ley 20.720 crea la Superintendencia de Insolvencia y Reemprendimiento, que es el organismo encargado de administrar y supervisar los procedimientos establecidos por la ley.

> Esta norma ha tenido un impacto positivo en el bienestar de los deudores insolventes, al permitirles reestructurar sus pasivos, acceder a nuevos créditos y mejorar su salud mental, sobre el particular, tan solo durante el periodo enero—octubre del presente año se han ingresado un total de 3.526 casos en los distintos procedimientos concursales, un 38,4 % corresponden a la Región Metropolitana (1.355) y un 61,6 % a las otras regiones del país (2.171), siendo 586 procedimientos admisibles respecto a la renegociación de la persona deudora, un 36,2 % corresponde a la Región Metropolitana y 63,8 % al resto de las regiones. Sin embargo, durante

el mismo periodo, también se han declarado admisibles a 1.887 casos de liquidación de bienes de la persona deudora, concentrándose en la Región Metropolitana con un 33,5 % y en el resto de las regiones un 66,5 % (Superintendencia de Insolvencia y Reemprendimiento [SUPERIR], 2023).

CONCLUSIONES

Al respecto, hemos visto cómo una persona desinformada es una persona propensa a obtener desavenencias financieras. En este sentido y sin ir más allá, caso aquel podríamos verlo reflejado en el resultado de los 1.887 casos de liquidación de persona deudora llevados a cabo durante el periodo enero—octubre de 2023, siendo estos más del triple de los recepcionados por renegociación. Frente a esto, destacamos el comportamiento de rebaño que induce a las personas desinformadas a tomar decisiones precipitadas, lo cual resulta ser peligroso sobre todo considerando que nuestro país permanece al debe en materia de educación financiera y, tal como indicaba Kahneman, el impulso humano es propenso a intensificarse cuando se considera que hay algo que se pueda perder o a lo que se esté renunciando al no adquirir un bien determinado, creyendo ciegamente que podría tratarse de una ganancia potencial (Kahneman, 2003).

Si bien, las estrategias para hacer frente a las irregularidades y abusos llevados a cabo en contra de los consumidores financieros se han visto fortalecidos con el tiempo, se debe destacar que esta excesiva protección no resulta ser del todo efectiva si a las personas no se les informa cómo hacer uso tanto de sus derechos como de las herramientas financieras con las cuales día a día muchos interactúan. Ante esto surgen las interrogantes, ¿Es el ciudadano un consumidor responsable e informado a la hora de contratar créditos de consumo u otro similar? ¿Es capaz de tomar la iniciativa necesaria para mantenerse informado sobre sus derechos, así como del manejo de los diversos instrumentos financieros? Si bien, no es correcto indicar que en su totalidad no son capaces de hacerlo, al observar que el 55 % de los hogares encuestados el año 2017 tuvieron deuda de consumo podría darnos un buen indicio de que las personas en nuestro país no están bien educadas financieramente.

La asimetría de la información entre consumidores y proveedores de bienes o servicios es una realidad que afecta al mercado. Vimos que la legislación chilena ha buscado proteger a los consumidores de posibles abusos o engaños por parte de los proveedores, que se supone que tienen un mayor conocimiento del producto que ofrecen. Sin embargo, estas medidas legales son insuficientes, ya que no abordan el problema de fondo: la falta de educación financiera de los consumidores, lo cual les permitiría tomar mejores decisiones y prevenir problemas financieros por su cuenta. En consecuencia, y sin desestimar la normativa existente, se requiere una regulación que cree o fortalezca mecanismos para educar financieramente a los consumidores, una la cual amplíe las facultades y deberes del SERNAC en este ámbito con el objeto de acercar al consumidor esta educación financiera y no esperar a que el consumidor se acerque a aquella.

Ante todo, no es menor la labor que día tras día lleva a cabo el SERNAC ya sea recibiendo y tramitando los reclamos respectivos así como las labores de difusión de educación financiera en su sitio web y redes sociales, no obstante, hay que comprender que al día de hoy, a pesar de vivir en la era de la información y sin ahondar en detalles ajenos a esta presentación, las personas han demostrado no contar con la diligencia necesaria para manejar o saber cómo acceder a la información que necesitan, que para el caso recae en el manejo de los instrumentos crediticios, los derechos de los cuales las personas se pueden valer, e incluso, cómo prever y evitar caer en situaciones de insolvencia.

Capítulo VI

Derecho, Economía y Justicia. El consecuencialismo de las decisiones judiciales y las normas jurídicas

LUCIANA YEUNG LUK TAI

INTRODUCCIÓN

La ciencia económica se propone estudiar la toma de decisiones humanas en un contexto en el que los recursos son limitados y tienen usos alternativos. Entender y predecir el proceso cotidiano de toma de decisiones de los individuos, por tanto, es tarea de los estudiosos de la economía. Por otro lado, también existe el estudio del proceso de toma de decisiones de los magistrados, dentro de una literatura jurídico-empírica. Esta literatura ha surgido más recientemente, con trabajos sistemáticos que se remontan a la década de 1940. Uno de los trabajos pioneros en este sentido es el de Hermann Pritchett sobre las decisiones del Tribunal Supremo de EE.UU.[1] En la actualidad, el campo conocido como *comportamiento judicial* reúne a juristas, politólogos, economistas y sociólogos interesados en comprender qué impulsa a los jueces y en qué basan sus decisiones. Diversas teorías intentan explicar los factores determinantes de las decisiones judiciales, como por ejemplo la de Richard Posner "New Theories of Judicial Behaviour" (2008), entre muchas otras. Detrás de esta vasta literatura hay un intento de explicar qué factores —ideológicos, de género, sociales, económicos, políticos, etc. — explican o predicen mejor la forma en

---

1 Por ejemplo, Pritchett (1968).

que los magistrados juzgan los casos que se les presentan ante los tribunales.

Pero ¿por qué molestarse? ¿Por qué es importante comprender el proceso de toma de decisiones de los jueces?

La gran cuestión es que las decisiones judiciales *importan*, y no sólo importan a las partes directamente implicadas en el litigio que juzga el juez en cuestión. Las decisiones judiciales forman parte del conjunto de normas formales y jurídicas impuestas a todos los individuos de la sociedad. Además, son de conocimiento público (especialmente en Brasil) y, por lo tanto, son una parte importante de las instituciones formales del país. Y, como sabemos, "las instituciones importan". Así que las decisiones judiciales importan, y mucho. Esto significa que tienen consecuencias para la sociedad. Parece bastante obvio, porque evidentemente lo que quiere el magistrado cuando toma una decisión sobre un caso es precisamente generar algún resultado, alguna consecuencia, pacificar un conflicto. Pero cuando decimos que las decisiones judiciales importan y generan consecuencias sociales, no estamos hablando sólo de las partes litigantes. La mayor fuerza, el mayor efecto e impacto de las decisiones judiciales pueden recaer sobre personas y hechos no directamente implicados, aquellos que están muy alejados de la sala de vistas donde se dicta la resolución.

1. CONSECUENCIALISMO ECONÓMICO

En economía, diríamos que el consecuencialismo se manifiesta por la presencia de externalidades (positivas o negativas) que generan, es decir, por los beneficios o costes creados para *terceros* en la sociedad. Así pues, saber cuáles serían las consecuencias indirectas de las decisiones tomadas por alguien —ya sea un individuo o una organización, una entidad privada o pública— es sumamente importante. De hecho, la presencia de externalidades se considera uno de los principales *fallos del* mercado, aquellas situaciones en las que el mercado, abandonado a sí mismo, no funciona de forma adecuada y eficiente, requiriendo la presencia y las correcciones del Estado. Es por esta razón que la ciencia económica explica por qué el sistema de justicia es público: la generación de externalidades cada vez que las decisiones judiciales u otras normas jurídicas se crean en la sociedad y para la sociedad.

Así que, desde una perspectiva económica, es bastante lógico que las decisiones judiciales generen consecuencias concretas decisivas, y que sea crucial tenerlas en cuenta. Coase (1960), en su famoso teorema, fue uno de los primeros en demostrar que los tribunales y su producto más directo, las decisiones judiciales, afectan a la economía. Otros autores también han demostrado empíricamente que los jueces y las decisiones judiciales afectan al crecimiento económico, al nivel de inversión, a la creación de empleo e incluso al aumento de la inseguridad (por ejemplo, Weder, 1995; Sherwood, 2004). Así pues, estudiar las decisiones judiciales es una tarea crucial para comprender los resultados económicos de los respectivos países.

Mientras que los juristas debaten si las decisiones judiciales *deben* o *no* tener en cuenta las consecuencias o el pragmatismo (como veremos más adelante), los economistas y juseconomistas afirman categórica y positivamente que las decisiones judiciales *tienen* consecuencias, les guste o no. Esta diferencia de enfoque está relacionada con la diferencia de naturaleza de ambas ciencias. Basta recordar que la economía se centra en el comportamiento humano.

En este sentido, los economistas están formados para analizar las consecuencias de una determinada opción de política pública, y no la integridad lógica deductiva de la norma o principio en juego. La mirada del economista se centra, por tanto, en el "bosque", en las interacciones entre los agentes. Además, la práctica jurídica es instantánea, más preocupada por el momento presente en un intento de cerrar el caso que se les presenta.

Los economistas, en cambio, como necesitan comprender el impacto del comportamiento en el sistema, saben que los efectos políticos, sociales y económicos pueden tardar mucho tiempo en producirse: son como las olas de un lago agitado, se propagan durante mucho tiempo hasta que el efecto remite. Por último, los economistas tienen en cuenta la existencia de las mencionadas externalidades —efectos positivos o negativos generados para la sociedad, ignorados por quienes los producen—: una decisión judicial no sólo repercute en las partes que interpusieron el litigio, son señales para otras personas y empresas, que a su vez tomarán decisiones que también se reflejarán en otras personas. Es la insistencia en ignorar las externalidades de sus decisiones lo que hace que el dogma jurídico, y las decisiones judiciales generen lo que llamamos el "efecto boomerang". Esto ocurre, por ejemplo, cuando un juez toma una decisión (normalmente con muy buenas intenciones) para proteger a una persona, por ejemplo, a los desfavorecidos. Pero, debido a la ignorancia de sus efectos, la decisión acaba "volviendo" y generando resultados que perjudican a la misma persona a la que en un principio se pretendía proteger — igual que un bumerán, que después de ser lanzado, vuelve y puede cortar la cabeza del incauto que lo lanza. Cada día, decenas o centenares de boomerangs son lanzados por jueces bienintencionados, generando al final consecuencias perversas, cuando no desastrosas.

2. CONSECUENCIALISMO JURÍDICO

La discusión del consecuencialismo por parte de los juristas parece más controvertida. La cuestión radica en la discusión sobre qué base utilizan los magistrados en su toma de decisiones judiciales (o para la creación de normas jurídicas)[2] .

---

2 En este capítulo, salvo en casos específicos, centraremos la discusión en el consecuencialismo *judicial, es decir,* en el impacto de las decisiones judiciales. Sin embargo, la discusión aquí planteada puede generalizarse fácilmente a la discusión sobre las consecuencias de las normas jurídicas en general (por ejemplo, las normas legislativas).

Los puristas, basados en la conocida "Teoría Pura del Derecho" de Hans Kelsen, creen y defienden una interpretación basada únicamente en la norma jurídica positiva, sin posibilidad de ser "contaminada" por juicios de valor o factores externos de ningún tipo. Por tanto, interpretar la norma teniendo en cuenta las consecuencias —principalmente de carácter material, económico o incluso social— sería inadmisible para el auténtico intérprete del Derecho.

Otros, sin embargo, son conscientes de que *el pragmatismo es* posible y de que la interpretación jurídica centrada en las consecuencias prácticas (económicas y/o sociales) no se aparta necesariamente del objeto del ordenamiento jurídico. Esta discusión no se ha limitado a los círculos académicos, sino que ha llegado incluso a las esferas de los tribunales brasileños, de todas las instancias[3] . A continuación discutiremos algunas de estas reflexiones.

Según Arguelhes (2005), un argumento consecuencialista es "aquel tipo de argumento que *proporciona razones para tomar una decisión específica basándose en una evaluación de los posibles efectos de esta decisión.* Así, puede utilizarse para justificar una decisión sobre la base tanto de las consecuencias indeseables o deseables que tendría o podría tener su 'no realización', como de las consecuencias indeseables o deseables que podría tener su realización" (pp. 4-5, énfasis añadido). Sabiendo que una decisión judicial actúa como un *indicador* para los agentes de la sociedad, "detendrá o permitirá que ciertos comportamientos continúen, así como ... multiplicará o disminuirá la ocurrencia de otros. *multiplicará* o *reducirá la ocurrencia de otros comportamientos...* en la sociedad" (p. 14). De esta forma, decimos que las consecuencias de una decisión judicial no

---

3 Arguelhes y Leal (2009) dicen: "Por ejemplo, como magistrado del Tribunal Supremo, Nelson Jobim afirmaba que, ante una norma jurídica con múltiples interpretaciones textuales posibles, su concepto de acción judicial recomendaba elegir la alternativa decisoria con mejores consecuencias para la sociedad, cuando el ordenamiento jurídico no proporcionaba una respuesta inequívoca a un determinado problema que debía resolverse" (p. 172).

se limitan sólo a las que afectan a las partes directas del litigio en cuestión. Arguelhes (2005) es más enfático:

> *Si las normas jurídicas pueden interpretarse como una exigencia de transformar el mundo real en un mundo posible mediante la introducción de un hecho en una cadena causal, entonces es posible afirmar que la labor del juez implica necesariamente un componente de evaluación empírica consecuencial* (p. 14).

Todavía:

> *En principio, no existe ningún obstáculo para remitir los argumentos consecuencialistas a puntos* ***objetivamente verificables*** *del ordenamiento jurídico. Por tanto, no son necesariamente menos compatibles con los ideales del Estado de Derecho y la separación de poderes que los argumentos lingüísticos o sistemáticos. Al contrario: en determinados casos, argumentar sobre la base de las consecuencias puede ser una* ***forma específica de*** *obedecer a las normas jurídicas" (p. 17).*

En un contexto en el que "casi todas las cuestiones de relevancia política, social o moral han sido debatidas o están ya sometidas a los tribunales" (p. 7), Barroso (2012) demuestra que una interpretación pura, basada solemnemente en normas positivizadas, tal como las define la teoría de Kelsen, no es realista, ya que los magistrados utilizan en la práctica diferentes métodos de interpretación:

> *Las decisiones judiciales reflejan a menudo factores extrajudiciales. Estos incluyen los valores personales e ideológicos del juez, así como otros elementos de naturaleza política e institucional. Durante mucho tiempo, la teoría jurídica intentó negar este hecho, a pesar de las numerosas pruebas* (p. 28).

La interpretación consecuencialista, por tanto, sería uno de estos métodos, en el que las consecuencias de las decisiones judiciales son "el factor decisivo en la actuación de jueces y tribunales" (p. 26). El consecuencialismo formaría parte de la corriente del *pragmatismo jurídico,* definida como menos preocupada por identificar cuál es la ciencia del derecho, y centrada en cambio en la cuestión de "cómo deben decidir los jueces" (ídem).

2.1. Pragmatismo jurídico y consecuencialismo de Richard Posner (2004)

En un artículo de 2004, Posner defiende el pragmatismo jurídico como metodología para la interpretación jurídica. En doce sucintos puntos, el autor conocido como uno de los fundadores del Análisis Económico del Derecho, también hace una distinción entre pragmatismo y consecuencialismo. Dada la importancia de este autor, pero sin centrarnos demasiado en la diferencia entre ambos conceptos[4] , merece la pena reforzar los puntos de Posner:

---

4 Arguelhes y Leal (2009) analizan detenidamente el análisis que Posner hace de estas dos corrientes: "Posner afirma que, a diferencia del consecuencialismo, el pragmatismo jurídico no sólo se preocupa por las consecuencias inmediatas de la decisión *para las partes implicadas [consecuencias específicas del caso],* sino también por los efectos de la decisión en el resto del sistema jurídico e incluso en la economía, el sistema político, etc. [consecuencias sistémicas]"; los autores afirman: "Sin embargo, este argumento se basa en una concepción errónea y simplista de lo que es el consecuencialismo como teoría ética normativa. [Este argumento, sin embargo, se basa en una concepción errónea y simplista de lo que es el consecuencialismo como teoría ética normativa. No es más que una *estructura de razonamiento evaluativo que* transforma lo 'correcto' o 'bueno' de una acción en función de la evaluación positiva o negativa que se dé a sus consecuencias. No hay nada en este concepto que restrinja las "consecuencias" únicamente a los efectos más inmediatos de la decisión sobre las partes. Posner insiste en diferenciar entre pragmatismo jurídico y consecuencialismo afirmando que los jueces pragmáticos realizan en realidad una especie de 'consecuencialismo truncado', porque no miran todas las consecuencias de cada posible decisión, sino sólo algunas de ellas -el énfasis se pondrá en las consecuencias para el caso concreto, salvo cuando ello implique consecuencias sistémicas perjudiciales-. Sin embargo, en la teoría de Posner, la razón por la que los jueces no miran ciertas consecuencias se basa a su vez en una evaluación de las consecuencias -es decir, la sociedad estará *mejor* (por ejemplo, en términos de la previsibilidad necesaria para que los ciudadanos planifiquen) si los jueces no piensan en *todos los* elementos posibles para llegar a la *mejor* decisión en el caso concreto. Se trata de un razonamiento típicamente consecuencialista centrado en el respeto a las normas… El pragmatismo jurídico de Posner seguirá siendo en su esencia indistinguible de una recomendación de que los jueces adopten un razonamiento similar al que exige el consecuencial-

1. El pragmatismo jurídico no es un término elegante para una forma *ad hoc* de interpretación; implica la consideración de las consecuencias sistémicas, y no sólo las específicas de cada caso.
2. Sin embargo, sólo en circunstancias excepcionales el juez pragmático dará un peso preponderante a las consecuencias sistémicas, como predica el formalismo jurídico; es decir, sólo en raras ocasiones el formalismo jurídico será una estrategia pragmática. Y a veces las circunstancias específicas del caso dominarán por completo el proceso de toma de decisiones.
3. El último criterio de la interpretación pragmática es la razonabilidad.
4. Y así, a pesar del énfasis en las consecuencias, el pragmatismo jurídico no es una forma de consecuencialismo, que es el conjunto filosófico de doctrinas (entre las que destaca el utilitarismo) que evalúa las acciones por el valor de sus consecuencias: la mejor acción es la que tiene las mejores consecuencias. En un sistema pragmático de adjudicación, el formalismo tiene sus límites, en particular decidir por reglas en lugar de por normas. Además, tanto por razones prácticas como jurisdiccionales, los jueces no están obligados, ni siquiera autorizados, para tener en cuenta todas las posibles consecuencias de sus decisiones.
5. El pragmatismo jurídico se orienta hacia el futuro, considerando la adhesión a decisiones pasadas como una necesidad (cualificada) y no como un deber ético.
6. El partidario del pragmatismo jurídico cree que ningún procedimiento analítico general diferencia el razonamiento jurídico de otros razonamientos prácticos.

---

ismo como teoría moral, con la complejidad añadida de que en cada caso deben sopesar si es mejor actuar como un consecuencialista de los *actos* o como un consecuencialista de *las normas*" (p. 193-4, énfasis de los autores).

7. El pragmatismo jurídico es empirista.
8. Por lo tanto, no es hostil a toda teoría. De hecho, es más receptivo a algunas formas de teoría que el formalismo jurídico, concretamente a las teorías que guían la investigación empírica. El pragmatismo jurídico es simplemente hostil a la idea de utilizar teoría moral y política abstracta para guiar la toma de decisiones judiciales.
9. El juez pragmático tiende a favorecer bases de decisión más estrechas que más amplias en las primeras fases de la evolución de una doctrina jurídica.
10. El pragmatismo jurídico no es un complemento del formalismo y se distingue del positivismo de H.L.A. Hart.
11. El pragmatismo jurídico simpatiza con la concepción sofista y aristotélica de la retórica como modo de razonamiento.
12. Se diferencia del realismo jurídico y de los estudios jurídicos críticos (Posner, 2004, pp. 683-4).

Según Arguelhes y Leal (2009), "[l]a mejor lectura posible de la posición de Posner sería, por lo tanto, que el juez pragmático *no* adoptará la decisión con las mejores consecuencias inmediatas siempre que esta postura no implique las mejores consecuencias sistémicas, es decir, para el sistema judicial en su conjunto a largo plazo" (p. 187). Sin embargo, tanto si se trata de consecuencialismo como de pragmatismo, tal como los define Posner, se puede ver la importancia de utilizar pruebas empíricas, mirar hacia el futuro y refutar criterios morales y políticos abstractos para tomar una decisión. Y estos puntos son cruciales.

2.2. Consecuencialismo jurídico de Cass Sunstein (1994, 1996)

Utilizando una descripción similar a la analogía del bumerán (como la que hemos utilizado más arriba), Sunstein (1994) afirma: "las normativas que están ampliamente justificadas en principio pueden salir muy mal en la práctica ... medidas que no producen las consecuencias deseadas ... medidas que en realidad empeoran la situación desde el punto de vista de sus mayores defensores" (p. 1390). El mensaje es claro: si no hay preocupación por predecir las consecuencias prácticas, basándose en el análisis de la información y los datos empíricos, las decisiones jurídicas pueden tener efectos contraproducentes e incluso "*autodestructivos*" para la sociedad. Ilustrando con el caso de la financiación de las campañas políticas en EE.UU., Sunstein advierte de que todas las políticas (y los cambios políticos) tendrán consecuencias imprevistas, algunas de las cuales serán contraproducentes. "En este contexto, nuestra tarea no consiste simplemente en debatir las cuestiones teóricas, sino también en identificar los riesgos prácticos de la forma más sistemática posible, y favorecer las iniciativas que parezcan tener más probabilidades de promover sus objetivos saludables" (1994, p. 1414).

En otro texto, Sunstein (1996) compara los argumentos jurídicos *expresivistas* y consecuencialistas. Los primeros se basan en "expresiones" que traducen valores morales y buenas intenciones. Sin embargo, el autor afirma: "Sin efectos deseables sobre las normas sociales, no tiene mucho sentido respaldar normatividad jurídica que estén motivadas *expresivamente*. Como mucho, podemos decir que merece la pena apoyar las buenas declaraciones cuando los juicios sobre sus consecuencias no están claros" (p. 2047). Sunstein concluye: "He argumentado que las 'declaraciones' legales que producen malas consecuencias no deberían ser respaldadas ... [Es] mejor que el gobierno actúe pragmática y contextualmente, evaluando qué normas son obstáculos para el bienestar, y utilizando la ley cuando la ley es eficaz [en las medidas correctivas de la sociedad]" (pp. 2052-3).

Está limitada pero destacada lista de autores muestra que el papel del consecuencialismo en el Derecho parece haberse definido académicamente (aunque no sin controversia). Pero, en la práctica, ¿cómo se ha desempeñado? Analizaremos algunos ejemplos de la judicatura brasileña; en algunos casos, se han dictado decisiones judiciales atentas a las consecuencias económicas y sociales; en otros, las decisiones que ignoran estas consecuencias suscitan preocupación por los efectos "autodestructivos", como plantea Sunstein.[5]

2.3. Consecuencias en las decisiones del Tribunal Supremo de Brasil

En un trabajo que también discute muy bien la aplicación del consecuencialismo por el Derecho en general, y por el Derecho brasileño en particular, Pargendler y Salama (2013) proporcionan ejemplos de decisiones consecuencialistas del Supremo Tribunal Federal. Uno de los casos se refiere a la sentencia en la Acción Directa de Inconstitucionalidad (ADIN) n° 4424. Según estos autores, los magistrados del STF juzgaron que se debía renunciar a la representación de las mujeres, víctimas de crímenes, en los casos previstos en la Ley María da Penha. Esta renuncia iba en contra de la exigencia de la Ley 9099, pero se basó en evaluaciones de las consecuencias que se generarían. El mismo caso fue analizado por Aguerlhes (2005), que cita la decisión *ipsis literis de la* siguiente manera:

> *De hecho, si se entiende que la Seguridad Social se hará cargo en adelante sólo de R$ 1.200,00 mensuales durante la licencia de la gestante, y que el empleador* ***será*** *el único responsable del resto, se* ***facilitará y estimulará enormemente que el*** *empleador* ***opte por el trabajador masculino en lugar de la trabajadora****"* (apud, p. 9, nuestro énfasis).

Arguelhes (2005) continúa:

> *Se favorecería así la discriminación que la Constitución pretendía combatir al prohibir diferencias salariales, en el desempeño de funciones y en los criterios de admisión por razón de sexo (art. 7, XXX), prohibición que, en el fondo, es un retoño del principio de igualdad de derechos, establecido en el art. 5, inciso I, de la Constitución Federal.(...)* ***No es creíble que la asamblea constituyente***

---

[5] Aquí, una vez más, nos centraremos en las decisiones judiciales, aunque es fácil encontrar a diario normas legislativas y administrativas con y sin (más en este segundo caso) preocupaciones consecuencialistas.

> ***de 1988 haya llegado a este punto, en la llamada Reforma de la Seguridad Social, desatenta a tales consecuencias*** (apud, p. 9, énfasis del autor).

A continuación, Arguelhes muestra lo que sería un potencial "boomerang" o, en palabras de Sunstein, efectos autodestructivos de la Constitución Federal de 1988, en el caso de la concesión de prestaciones de seguridad social a las mujeres.

El ejemplo de ADIN 4424 fue un buen ejemplo, traído a colación por ambas ponencias, que nos recuerda que las consecuencias judiciales no se limitan a cuestiones "materiales" y financieras.

Otro ejemplo singular de aplicación del análisis consecuencialista traído a colación por Pargendler y Salama (2013) fue el Recurso Extraordinario 407.688-8, que discutía la delicada cuestión de la compatibilidad entre la pignorabilidad del bien de familia del garante y el derecho a la vivienda, ambos con protección legal (uno por ley federal y el otro por la Constitución brasileña). El voto ganador, del juez Cesar Peluzo, demostró que "los propietarios de vivienda en Brasil son pocos ... [lo que justifica el] fomento de la vivienda de alquiler ... [De modo que] la eventual declaración de inconstitucionalidad de la citada disposición [que permite la embargabilidad] perturbaría (sic) el equilibrio del mercado, desencadenando una demanda sistemática de garantías más onerosas para los arrendamientos residenciales, con el consiguiente menoscabo del alcance del propio derecho constitucional a la vivienda" (pp. 124-5). Este fue otro buen ejemplo de decisión basada en el consecuencialismo por parte del Tribunal Supremo brasileño.

Debido a las limitaciones de este trabajo, y sin ninguna pretensión de presentar los casos más significativos o representativos, presentamos aquí sólo dos ejemplos de decisiones del STF basadas en un análisis consecuencialista. Obviamente, estos ejemplos están lejos de agotar los casos en que el consecuencialismo es adoptado por el STF. De hecho, como señalan Pargendler y Salama en otro trabajo (2015), los tribunales brasileños (y especialmente los tribunales superiores) han empleado cada vez más en sus decisiones análisis basados en incentivos, costo-beneficio y consecuencialismo. Esta es una señal alentadora, aunque sabemos que todavía estamos muy lejos del ideal.

2.4. Consecuencias de las decisiones de los tribunales estatales

Lamentablemente, los ejemplos de análisis consecuencialista en las decisiones judiciales siguen superando en número a las decisiones *sin* análisis consecuencialista. Flavia Vera (2012) relata un caso legendario pero real de un tribunal estatal que autorizó a inquilinos de edad avanzada a aplazar el pago de sus alquileres atrasados. La justificación era el hecho de que eran ancianos, no trabajaban y dependían de pensiones exiguas. Como muestra Vera, tras sucesivas sentencias en este sentido, la consecuencia para el mercado del alquiler en esta ciudad fue un aumento de las exigencias de garantías en el caso de contratos de alquiler para personas mayores. El boomerang judicial, basado en un principio moral "justo" —proteger a los ancianos—, acabó teniendo un efecto perverso sobre el mismo colectivo al que pretendía proteger inicialmente.

Un ejemplo más, sólo para arrojar luz sobre la punta de un gigantesco *iceberg,* que ciertamente merece un análisis cuidadoso y profundo en futuros trabajos, es el caso de las decisiones en casos relacionados con la *judicialización de la salud.* Este tema, que merece un capítulo aparte, ha atraído una enorme atención de los estudiosos (tal vez uno de los temas más discutidos en la literatura académica y en la práctica del derecho brasileño actual), precisamente por las inconmensurables consecuencias que tiene para la sociedad brasileña en su conjunto.

Solo para tocar el tema, vale la pena mencionar un dato proporcionado por Bruno Bodart (2017): el 16 % de todo el presupuesto de salud de Campinas (SP) en 2009 se destinó al cumplimiento de 86 (ochenta y seis) demandas, sabiendo que la población de ese mismo municipio es de más de 1,2 millones de personas. Esto significa que las 86 personas representadas por las demandas ganadoras se beneficiaron desproporcionadamente, a expensas del resto de la población municipal. El poder judicial, basándose en la noble justificación de garantizar el derecho a la salud de esos 86 ciudadanos, *redujo en realidad* el derecho a la salud de todos los demás, que tuvieron que conformarse con el resto del presupuesto disponible. Incluso el más puro y simple concepto de *justicia* fue violado para los demás ciudadanos que no formaban parte de las demandas favorecidas por las decisiones judiciales.

2.5. Consecuencias de las resoluciones judiciales y del Derecho laboral

Sin embargo, quizá no haya mayor campeón en la creación de consecuencias autodestructivas, o "boomerangs" legales, que el Derecho del Trabajo y la Justicia.

Empecemos con un ejemplo legislativo: en 2015, poco después de la promulgación de la "PEC das Domésticas", el IBGE publicó datos que mostraban una reducción en la contratación de estas mismas trabajadoras. Se "olvidaron" de que en Brasil existe un gran mercado de jornaleros informales, cuyo trabajo es un sustituto casi perfecto de los trabajadores domésticos formales: basta que uno se vuelva más exigente para que la demanda se desplace hacia el otro. El impacto negativo de la PEC das Domésticas en el empleo de los trabajadores domésticos fue un hecho que, lamentablemente, se mantuvo constante más de tres años después.[6]

Sindicalistas y analistas jurídicos que no adoptan una visión consecuencialista insisten en que el empleo formal de trabajadores domésticos no aumenta porque haya mala fe por parte de los empleadores. Otros análisis desde una perspectiva más "económica" achacan a la reciente crisis económica la falta de aumento de la formalización de los trabajadores domésticos. Está claro que la ausencia de un modelo analítico deja muchas lagunas en los análisis, porque lo que un

---

6 Véase https://exame.abril.com.br/economia/tres-anos-depois-de-lei-70-das-domesticas-estao-na-informalidade (consultado en septiembre de 2018).

análisis jus-económico consecuencialista predice es exactamente lo contrario: el PEC, por sí mismo, generará *menos* empleo, no más empleo formal —al menos en un país con las características de Brasil, y al menos mientras exista un mercado dual, con alta informalidad—.

Otro ejemplo de consecuencias involuntarias pero autodestructivas de la legislación laboral brasileña ocurrió en septiembre de 2012. El Tribunal Superior de Trabajo, en un intento de proteger a las trabajadoras temporales, dictó el Precedente 244 por el que gozan de estabilidad una vez embarazadas. El efecto boomerang (como siempre) fue implacable: semanas después, tanto los sindicatos patronales como los de trabajadores constataron una reducción de la contratación de temporeras durante el periodo de ventas navideñas.

La visión dogmática del Juzgado de lo Social genera otros efectos igual de perniciosos que el efecto boomerang. Los datos del CNJ de 2015 indican que, de los 10 asuntos más recurrentes en el Poder Judicial, casi 6 millones de demandas —de un total de 23 millones— están relacionadas con el trabajo. Poco ha cambiado desde la investigación de Lamounier, Sadek y Castelar (2000), cuando constataron que en las 600 empresas entrevistadas (de diferentes tamaños y segmentos económicos), el 80 % de sus más de 134.000 pleitos se referían al ámbito laboral. Vale recordar también que las estimaciones de informalidad laboral en Brasil oscilan entre el 40 % y el 50 %, dependiendo de la coyuntura económica.

No hace falta mucho esfuerzo para entender que cuanto más la Justicia y el Derecho del Trabajo quieran proteger a los trabajadores a través de sentencias y legislación protectora, más habrá una fuga hacia el trabajo informal (el caso de la PEC de las Trabajadoras Domésticas fue un claro ejemplo). Peor aún, en tiempos de una economía debilitada, la consecuencia más inmediata de decisiones de esta naturaleza por parte de la Justicia del Trabajo es clara: una reducción de la contratación formal e incluso de las operaciones empresariales, con graves efectos sobre el nivel de empleo en el país.

Hoy, en Brasil, todavía tenemos más de 13 millones de desempleados, sin contar los que se han conformado con el trabajo informal.

Es imposible que cualquier magistrado —incluso un magistrado del trabajo— se sienta orgulloso de estas cifras (¿serían tan cínicos como para creer que esto es una señal de que el poder judicial y la legislación laboral vigente en el tiempo en Brasil son más fuertes que en otros lugares del mundo? Creemos que tiene que ver con su incapacidad para medir las consecuencias de sus decisiones, para mirar hacia adelante, para evaluar el resultado sistémico como defiende Posner. En esta línea, varios países europeos han flexibilizado su legislación laboral —como los países escandinavos y Alemania— no para favorecer a los empresarios (como algunos acusarán de forma simplista), sino para proteger la mano de obra y al trabajador.

Como ya se ha dicho, más que justificaciones nobles y morales, es necesario ser pragmático para evaluar empíricamente las consecuencias de una legislación y una justicia laboral que quieren proteger a los trabajadores a corto plazo, sin darse cuenta del efecto autodestructivo de estas decisiones.

3. MEDICIÓN EMPÍRICA DE LAS CONSECUENCIAS DE LAS DECISIONES JUDICIALES Y LAS NORMAS JURÍDICAS

La literatura científica y empírica empieza a preocuparse por medir objetivamente el impacto de las decisiones judiciales, es decir, por dar una dimensión de las consecuencias de estas decisiones. Aunque relativamente recientes, los trabajos en esta línea son interesantes y relativamente impresionantes. Quizá ni siquiera los teóricos y estudiosos que propusieron la idea del consecuencialismo —ya fueran juristas, economistas o similares— podían imaginar lo que se encontraría.

3.1. Consecuencias de las decisiones de romper los contratos de soja verde: Rezende y Zylbersztajn (2011)

Uno de los estudios clásicos en la literatura brasileña fue realizado por Rezende y Zylbersztajn (2011). Allí, en un episodio de aumento inesperado del precio *spot* de la soja en los mercados internacionales, se produjeron numerosos litigios derivados de incumplimientos contractuales. Como muestran los autores

> Las cosechas de 2002/2003 y 2003/2004 fueron especialmente problemáticas, ya que el precio del saco de soja alcanzó picos elevados en el mercado *al contado*, distanciándose del precio que se había definido en el contrato de compraventa anticipada. Esta situación incentivó el incumplimiento del contrato y, en consecuencia, la interposición de demandas judiciales (p. 157).

Para resolver estos conflictos, el poder judicial, especialmente en Goiás, contaba, por un lado, con el principio *pacta sunt servanda* (cumplimiento de los acuerdos según la intención de las partes contratantes en el momento inicial de la relación contractual) y, por otro, con el concepto de "función social del contrato". Los autores analizaron exactamente las consecuencias de las interpretaciones de los jueces que utilizaron el concepto de función social del contrato para justificar la autorización del incumplimiento de los contratos de soja verde. Los jueces del Tribunal de Apelación del estado de Goiás, por mayoría (aunque no por unanimidad), utilizaron este argumento para autorizar a los agricultores a romper los contratos. ¿Y cuál fue la consecuencia? Inmediata y de gran impacto:

> Esto generó efectos de segundo orden en forma de mayor inestabilidad en el mercado ... Las industrias/comercios realizaron menos contratos de compra anticipada de soja verde en los años siguientes y algunas extinguieron la modalidad, que no implica financiación. Esto puede haber sido causado por la caída de los precios de la soja, que habría posibilitado a las empresas comprar alternativas, o como medida de precaución debido a las decisiones de los jueces. Esta última hipótesis fue objeto de nuestra investigación. (*idem*)

A continuación, los autores se proponen demostrar que, de hecho, la segunda hipótesis es la que corrobora los hechos ocurridos en Goiás. Lo que ocurrió, en el análisis de los autores, fue un aumento de los costes de transacción para las partes contratantes — especialmente los acreedores de las transacciones de soja verde. Pero tal vez lo más grave fue el aumento de la estipulación de sanciones económicas para los agricultores por parte de las empresas en el período siguiente.

Lo que ocurrió de nuevo fue que sentencias judiciales que pretendían favorecer a los agricultores acabaron generando, en un corto espacio de tiempo, consecuencias contrarias a lo que inicialmente se deseaba y justificaba. Los autores aportan pruebas anecdóticas, recogidas en la prensa generalista y en entrevistas locales, que aportan dramatismo a los resultados de las decisiones:

> En un reportaje del periódico Gazeta Mercantil (2004), se afirmaba que la venta anticipada de soja representaba casi el 60% de las compras de soja en Brasil y que, en 2003/2004 [una de las cosechas más afectadas por las sentencias judiciales], se dejaron de entregar casi un millón de toneladas, una pérdida estimada en 1.200 millones de reales. El mismo informe comentaba el cierre del almacén de Cargill en Edeia, Goiás, caracterizado como "epicentro de los pleitos que cuestionan los futuros contratos de venta de soja" y la suspensión de este tipo de contratos por parte de la empresa. También se mencionaba que otras empresas estaban finalizando esta forma de contrato debido a la inseguridad jurídica. El informe indicaba que Goiás sería el estado más afectado, ya que "entre el 40% y el 50% de la cosecha de Goiás está comprometida con este tipo de operación"... La mayoría de las empresas entrevistadas afirmaron que ya no realizan contratos con precios fijos para la soja sin anticipos de fondos y que sólo continúan con contratos con anticipos de recursos financieros e insumos, porque, según ellas, estos contratos han tenido menos casos de decisiones a favor de su anulación, hecho confirmado en la investigación empírica (p. 171-2).

Los autores concluyen su estudio con rotundidad:

> La forma en que se resuelven los incumplimientos de contrato en los tribunales repercute en las estrategias de las organizaciones. El resultado de la investigación se explica por la teoría de que cuando las "reglas del juego" no están claras para los agentes, hay incertidumbre, aumentan los costes de transacción en las negociaciones y las sanciones económicas son relevantes. El estudio da transparencia al hecho de que el poder judicial influye en el entorno empresarial, ya que sus decisiones producen efectos que repercuten en las acciones de los agentes privados. Al decidir a favor de la parte con la posición más débil, el juez genera efectos secundarios que conducen a una reducción de los contratos, lo que dificulta las negociaciones futuras para todos los agentes. Las empresas se vuelven recelosas a la hora de negociar, ya que no pueden contar con la seguridad jurídica de que se cumplirá el

> contrato. El hecho de no tener en cuenta los efectos económicos de segundo orden puede interpretarse como una "miopía económica" por parte del poder judicial (p. 173-4).

3.2. Consecuencias de las decisiones de romper los contratos de arrendamiento vinculados al dólar: Bertran (2007)

Otro estudio muy conocido en la literatura es el de Bertran (2007), que analizó los contratos *de leasing de* automóviles durante la primera gran devaluación del real frente al dólar estadounidense en 1999. En aquel momento, estos contratos estaban indexados al valor de la moneda extranjera. Con la inesperada y repentina devaluación, las deudas de los contratistas se magnificaron de la noche a la mañana. A continuación, Bertran compara las decisiones de dos de los tribunales más importantes de Brasil: el TJ-SP y el TJ-RS. Como era de esperar, había diferencias significativas en la proporción de sentencias de uno y otro tribunal que permitían la revisión de los contratos: mucho mayor en Rio Grande do Sul que en São Paulo. También en este caso, las consecuencias fueron inmediatas:

> Debido a la prevalencia absoluta de decisiones favorables a los consumidores en Rio Grande do Sul, y en consonancia con la percepción teórica de North, uno de los representantes de una empresa de leasing afirmó que los nuevos contratos en ese estado se habían suspendido durante seis meses (p. 24).

También merece la pena explicar la discusión del autor, que coincide en gran medida con lo expuesto en este capítulo:

> Mientras que un juez que no se guía por las premisas [consecuencialistas] puede imaginar que está beneficiando al consumidor al liberarlo de las cuotas en dólares, el juez [consecuencialista] considera que tal postura representa pérdidas para todos los demás consumidores. La postura del juez [consecuencialista] debería ser la de crear un ambiente con instituciones confiables (el Poder Judicial) que promuevan la reducción de los costos de transacción, incentivando así a los agentes del mercado a incurrir en los riesgos de realizar intercambios complejos. La credibilidad institucional significa que estos riesgos, que son inherentes a cualquier transacción pero varían en intensidad,

> se consideran menos relevantes cuando las instituciones son fuertes. La decisión del juez [consecuencialista] debe ser, por tanto, que el cumplimiento regular del contrato es obligatorio, con mantenimiento de los tipos inicialmente pactados (p. 24-5).

Aunque el trabajo de Bertran sólo encontró pruebas anecdóticas (pero no científicas) de las consecuencias en el mercado de *arrendamiento*[7], el autor indica que esta falta de pruebas científicas puede haber sido causada por otros factores:

> [La aparente ausencia de efectos en el mercado de crédito debido a la revisión masiva de contratos por los tribunales de Río Grande do Sul] se debe a la posibilidad de que contingencias no identificadas hayan interferido en la evaluación de las series estadísticas, llevando a conclusiones erróneas sobre la ausencia de correlación entre las decisiones judiciales y el comportamiento del mercado de leasing en los años posteriores a 1999. Tres sugerencias para la posible falta de detección de que el comportamiento del Poder Judicial es irrelevante para los mercados serían i) que el número de contratos que fueron objeto de demandas fue pequeño en comparación con su número absoluto ... ii) que la "memoria" empresarial brasileña es "corta", por lo que las decisiones judiciales desfavorables a las empresas no se han incorporado a la mentalidad empresarial; o iii) que incluso con la postura del Poder Judicial en contra de las empresas de leasing, los beneficios y ganancias del mercado de leasing superaron las pérdidas generadas por un entorno institucional inseguro (p. 32-3).

3.3. Consecuencias de las decisiones sobre subcontratación laboral: Yeung (2016)

Yeung (2016) analiza las decisiones de los magistrados laborales sobre la posibilidad de externalizar mano de obra por parte de las entidades financieras en un periodo anterior a 2016. Antes de ese año, en teoría, había normas "claras" sobre la externalización,

---

7 Este aporte era, de hecho, un *documento de trabajo para su* tesis de máster (inédito, presentado en una conferencia).

estipuladas por el Tribunal Superior de Trabajo (a través del Precedente 331, que a su vez se basaba en normatividad anterior): la externalización era ilegal, salvo en el caso de los trabajadores de los servicios de vigilancia, conservación y limpieza, así como de los trabajadores de servicios especializados vinculados a la actividad principal *del* prestatario. Parecía claro y, por tanto, la norma debía mantenerse, según expertos jurídicos y sindicalistas.

Pero eso no es lo que descubrió la autora. Para su trabajo, seleccionó al azar 450 decisiones sobre tercerización en instituciones bancarias, tomadas por el TRT-2 (capital de São Paulo) y el TRT-4 (Rio Grande do Sul). Además, categorizó las actividades bancarias en diez y verificó la frecuencia con que ocurrían en la muestra de juicios laborales, encontrando el resultado a continuación:

Tabla 3. Resumen de resultados

Actividad	% en la muestra
Servicio	11,8 %
Asistente administrativo	16,4 %
Crédito, compensación, cobro y financiación	18,4 %
TI, Sistemas, Digitalización	10,2 %
Mantenimiento, conservación y limpieza	4,9 %
Seguridad y vigilancia	7,1 %
Telemarketing	14,0 %
Transporte	2,0 %
Ventas (incluidas las divisas)	8,0 %
Otros, N/C	7,1 %

Fuente: Yeung (2016)

La hipótesis del autor, en línea con la argumentación de varios juristas, era que los tribunales tendrían muy claro qué actividades constituían actividades finales (que, por tanto, no podrían externalizar) y qué actividades constituían actividades intermedias (cuya externalización estaba legalmente permitida). Sin embargo, su análisis empírico demostró que las sentencias judiciales en la materia eran todo menos uniformes a la hora de identificar lo que constituían las actividades finales e intermedias de las entidades financieras. Incluso en la actividad considerada la "más bancaria de todas", la de crédito, compensación, cobro y financiación", sólo el 66 % de las decisiones consideraron que se trataba de una actividad final (externalización ilegal). En el caso más "flagrante" de falta de uniformidad en las decisiones, para la categoría de trabajadores del sector informática, sistemas y digitalización", el 48 % de las decisiones la entendieron como actividad principal y el 52 % como actividad intermedia.

En otras palabras, incertidumbre prácticamente total sobre lo que constituye esta actividad dentro de una entidad financiera, e incertidumbre jurídica sobre si es o no legalmente posible externalizarla. Los demás resultados se resumen a continuación:

Tabla 4. Resumen de resultados

Actividad	Porcentaje de decisiones que tuvieron en cuenta Subcontratación ilegal
Asistente administrativo	40,5 %
Telemarketing	33,3 %
Servicio	45,3 %
Ventas	66,7 %
Transporte (de documentos)	11,1 %
Seguridad y vigilancia	0 %
Mantenimiento, conservación y limpieza	9,1 %

Fuente: Yeung (2016)

Por lo tanto, lo que se ha observado es que sólo las dos últimas categorías han sido efectivamente pacificadas por el TST.

Como ejercicio adicional, el autor extrapola el ejercicio al transporte de carga externalizado (flete), y analizó las decisiones de tres tribunales: TRT-2, TRT-4 y TRT-6. Para este ejercicio, sólo se analizaron 50 casos. El resultado fue que, incluso en una actividad tan clara como el transporte de mercancías, existía una gran divergencia en las resoluciones judiciales en cuanto a si constituía una actividad intermedia o una actividad final: el 40 % de las resoluciones judiciales consideran ilegal la externalización, es decir, incluían el transporte de mercancías como actividad final de las empresas acusadas en los juicios laborales (que incluían actividades como bebidas, fabricación de muebles, cigarrillos, etc.).

¿Cuáles fueron las consecuencias de estas decisiones dispares sobre cuestiones idénticas por parte de los tribunales laborales? En primer lugar, durante muchos años, los empresarios no tenían ninguna certeza sobre lo que constituía efectivamente una contratación ilícita de terceros. No se puede acusar a los empresarios de mala fe si ni siquiera los jueces, que son los que aplican e interpretan la ley, tienen una idea clara de lo que es ilegal o no. En segundo lugar, y esta fue la consecuencia más importante: con la inseguridad jurídica provocada por los dispares fallos judiciales, en abril de 2015 la Cámara de Diputados aprobó el proyecto que se convertiría en la Ley N° 13.429/2017, que finalmente permitió la tercerización también de las actividades finales. Solo así fue posible poner fin a la inseguridad jurídica derivada de las sentencias judiciales.

3.4. Consecuencias de las Decisiones sobre Incumplimiento de Contrato de los Tribunales y el Tribunal Supremo: Yeung (2019)

Yeung (2019) también mide, en cierto modo, las consecuencias de las decisiones judiciales. Sin embargo, a diferencia de los trabajos mencionados anteriormente, el autor pretendía medir otro tipo de consecuencias. En primer lugar, trató de evaluar cómo los ciudadanos, usuarios reales o potenciales de los servicios de justicia, evalúan el poder judicial en función de los grados de parcialidad o inseguridad generados por los tribunales de primera y segunda instancia.

A continuación, quiso medir los efectos de estas mismas decisiones "sesgadas" en las decisiones de los tribunales superiores, concretamente del Tribunal Superior de Justicia (TSJ). Por *parcialidad,* concepto siempre complejo y delicado de definir, el autor entendía tendencias en las decisiones que fueran estadísticamente significativas a favor de un determinado tipo de litigante — en este caso, deudores *frente a* acreedores de deudas contractuales que implicarán a instituciones financieras.

Para ello, el autor creó de forma manual y aleatoria una muestra de decisiones de Recursos Especiales presentados ante el TSJ. Se trataba de apelaciones de decisiones de tribunales inferiores sobre litigios relativos a una deuda contractual comercial privada. Así, sólo se incluyeron en la muestra litigantes privados, con la excepción de empresas o instituciones financieras públicas o de capital mixto, ya que sus actividades se consideran de naturaleza privada y también porque muchas de ellas fueron privatizadas durante el período de observación. Este periodo fue del 6 de octubre de 1998 al 5 de octubre de 2008, es decir, se recogieron decisiones del TSJ de todo este horizonte temporal. El período no se fijó al azar: comenzó con el décimo aniversario de la promulgación de la Constitución Federal de Brasil, que también representa la creación de ese tribunal superior. Existe evidencia anecdótica de que las nueva normatividad e instituciones tardan alrededor de una década en consolidarse plenamente; en otras palabras, se trataría de un período de adaptación y transición institucional y jurídica.

En este período de diez años, el STJ resolvió cerca de 1.412 Recursos Especiales con las características enumeradas por el autor, según lo descrito anteriormente. Más precisamente, se trataba de la totalidad de Recursos Especiales o conflictos en materia de incumplimientos contractuales relacionados con deudas presentados ante ese tribunal superior (al menos los que se pusieron a disposición del público en el sitio web del tribunal). Se trataba de la base de datos de Yeung (2019). Para analizar los datos, el autor también construyó algunas variables:

- Tipo de litigante implicado en el caso (es decir, si los litigantes son particulares, empresas-entidades no financieras o entidades financieras).

- Tribunal Estatal en el que se originó el Recurso Especial.
- Año en que el TSJ dictó la resolución.
- Entre otros.

Para el debate que nos ocupa, sobre el consecuencialismo de las decisiones judiciales, los resultados de ese artículo que resultan de interés son los siguientes:

1) En los casos del Tribunal de Apelación de Rio Grande do Sul, hay un 10-11 % más de posibilidades de que el STJ falle a favor del acreedor —en comparación con los casos del resto del país—.
2) Los casos procedentes del Tribunal de Apelación de Rio Grande do Sul tienen casi un 15 % de posibilidades de ser revocados por el STJ, en comparación con los casos del resto del país.
3) Cuando las instituciones financieras recurren, hay casi un 15 % de posibilidades de que las decisiones del TSJ anulen la decisión del tribunal, en comparación con los casos en que recurren los particulares.
4) Todos estos resultados fueron estadísticamente significativos, es decir, las probabilidades de ser una mera "casualidad" fueron inferiores al 1 % para los resultados 2) y 3) e inferiores al 5 % para el resultado 1). Ninguna de las demás variables analizadas resultó ser estadísticamente significativa.

Los resultados empíricos del autor muestran que las decisiones del TJ-RS son sistemáticamente revocadas por el STJ, y siempre a favor del acreedor. Yeung (2019) analiza a continuación las causas de este resultado, que no tuvo paralelo en ningún otro tribunal estatal del país, ni siquiera en el TJ-SP, el tribunal con mayor rotación procesal de Brasil:

> En otras palabras, los jueces del STJ tienden a fallar en contra de los deudores y a favor de los acreedores cuando el caso proviene de ese estado del sur. Este resultado se vuelve aún más interesante cuando se recuerda que se trata del estado con el movimiento de activismo judicial más fuerte de Brasil. Aparte de las cuestiones

de independencia judicial y de los nombramientos de presidentes populistas, existen fundamentos teóricos que demuestran que los jueces de Rio Grande do Sul tienen una mayor inclinación ideológica hacia las cuestiones sociales. Ballard cuenta la historia:
En el contexto de la desigualdad . . los jueces del sur del país formaron la Asociación de Jueces para la Democracia, conocida como el "movimiento de los jueces alternativos". Este grupo, creado en la segunda mitad de la década de 1980, se aglutinó en torno al principio del "uso alternativo de la ley", que abogaba por interpretar las normas jurídicas al servicio de los intereses de las clases oprimidas. El movimiento se hizo más conocido a principios de la década de 1990, y sus partidarios le atribuyen diversos significados. Un principio fundamental compartido por el movimiento era considerar la imparcialidad y neutralidad judicial como un mito. Una interpretación suave sugiere que el derecho alternativo aconseja a los jueces tener en cuenta el contexto social e histórico en el que aplican la ley... Una interpretación más dogmática postula que el poder judicial debe estar unido al servicio de las masas pobres en sus luchas (apud, 1999, pp. 244-5).

Teniendo esto en cuenta, se podrían interpretar los resultados anteriores como un intento del STJ de "mitigar" cualquier sesgo político que pudiera derivarse de los jueces de Rio Grande do Sul[8] (Yeung, 2019, pp. 177-8).

---

8 En el original: En otras palabras, los jueces del STJ tienden a decidir en contra de los deudores y a favor de los acreedores cuando la demanda proviene de ese estado del sur. Este resultado se vuelve más interesante cuando se recuerda que este es el estado de Brasil con el movimiento de activismo judicial más fuerte. Independientemente de las cuestiones de la independencia judicial y de los nombramientos de presidentes populistas, existen fundamentos teóricos que demuestran que los jueces de Rio Grande do Sul tienen una mayor inclinación ideológica hacia las cuestiones sociales. Ballard cuenta la historia:
En [el] contexto de desigualdad... los jueces del sur del país formaron la Asociación de Jueces para la Democracia, conocida como el "movimiento de los jueces alternativos". Este grupo, creado en la segunda mitad de la década de 1980, se aglutinó en torno al principio del "uso alternativo del derecho", que propugnaba la interpretación de las normas jurídicas al servicio de los intereses de las clases oprimidas. El movimiento se hizo más conocido a principios de la década de 1990, y sus partidarios le atribuyeron

Lo que se observó, entonces, es que hay fuertes evidencias de que las decisiones del TJ-RS pueden ser consideradas "sesgadas", incluso desde la perspectiva de los jueces del STJ. Así que la primera consecuencia de las decisiones judiciales del Estado, dada la forma en que tienden a ser tomadas, es que tienen más probabilidades de ser revocadas por el STJ (recordando siempre que este es un resultado que ha pasado la rigurosa prueba de la estadística y la econometría).

¿Qué otras consecuencias tienen este resultado para la sociedad (a la que el poder judicial presta sus servicios)? Para responder a esta pregunta, Yeung se basa en un interesante indicador, medido por la Fundación Getúlio Vargas durante varios años seguidos (de 2009 a 2016), el Índice de Confianza en la Justicia (ICJBrasil). El autor explica en qué consiste este importante indicador:

> El ICJBrasil fue creado por la Fundación Getúlio Vargas como indicador de la confianza en el Poder Judicial brasileño. Es una encuesta respondida por ciudadanos de 18 años o más que viven en las áreas metropolitanas de ocho capitales: Manaus (estado de Amazonas), Recife (estado de Pernambuco), Salvador (estado de Bahía), Belo Horizonte (estado de Minas Gerais), Río de Janeiro (en el mismo estado), São Paulo (en el mismo estado), Porto Alegre (RS) y el Distrito Federal. La población de estas ciudades comprende el 60% de todas las poblaciones metropolitanas de Brasil (según el censo de 2010). Básicamente, esta encuesta evalúa la percepción de los ciudadanos sobre el poder judicial, así como su comportamiento ante los conflictos, es decir, su disposición a resolver estos conflictos en los tribunales. Así, mide la fiabilidad de los tribunales judiciales en opinión de los ciudadanos brasileños.

---

diversos significados. Un principio fundamental compartido por el movimiento era considerar la imparcialidad y neutralidad judiciales como un mito. Una interpretación suave sugiere que el derecho alternativo aconseja a los jueces tener en cuenta el contexto social e histórico en el que aplican la ley. Una interpretación más dogmática postula que el poder judicial debe ponerse al servicio de las masas pobres en sus luchas (1999, pp. 244-5).
Teniendo esto en cuenta, se podría interpretar los resultados anteriores como un intento del STJ de "mitigar" cualquier sesgo político que eventualmente pueda derivarse de los jueces de Rio Grande do Sul.

> ... A pesar de [algunas] deficiencias metodológicas, fue el único intento de medir cuantitativamente las percepciones de los ciudadanos brasileños sobre el poder judicial y su comportamiento frente a él (pp. 181-2).[9]

Y uno de los ejercicios de Yeung (2019) fue correlacionar los resultados econométricos sobre tendencias en las decisiones judiciales encontrados en su trabajo con los resultados del ICJBrasil. El resultado no pudo ser más interesante. De todos los tribunales estatales analizados por el indicador, y durante todo el período de tiempo en el que se midió el índice de confianza, el TJ-RS fue el que obtuvo la puntuación más baja en general, e incluso con una tendencia a la baja durante el período.

La conclusión de Yeung es que los tribunales que adoptan decisiones judiciales significativamente sesgadas para proteger a determinados grupos de litigantes acaban generando reacciones negativas en toda la población a la que sirven, y esto puede incluir incluso a las personas a las que inicialmente querían proteger. El efecto es el mismo que los comentados anteriormente: un boomerang judicial que acaba generando efectos autodestructivos.

---

9 En el original: "El ICJBrasil fue creado por la Fundación Getu' lio Vargas como indicador de la confiabilidad del poder judicial brasileño. Se trata de una encuesta respondida por ciudadanos mayores de 18 años, residentes en las áreas metropolitanas de ocho capitales: Manaus (estado de Amazonas), Recife (estado de Pernambuco), Salvador (estado de Bahía), Belo Horizonte (estado de Minas Gerais), Río de Janeiro (en el mismo estado), S˜ao Paulo (en el mismo estado), Porto Alegre (estado de Río Grande do Sul) y el Distrito Federal. La población de estas ciudades comprende el 60% de todas las poblaciones metropolitanas de Brasil (según el censo de 2010). Básicamente, esta encuesta evalúa la percepción de los ciudadanos sobre el poder judicial, así como su comportamiento ante los conflictos, es decir, su disposición a resolverlos en los tribunales. Así, mide la confiabilidad de los tribunales judiciales en la opinión de los ciudadanos brasileños. ... a pesar de estas deficiencias, sigue siendo el único intento de medir cuantitativamente la percepción de los ciudadanos brasileños sobre el poder judicial, y su comportamiento ante el mismo."

CONCLUSIONES

Concluimos reafirmando que las decisiones judiciales y las normas jurídicas *importan y* generan fuertes consecuencias y externalidades. Esto significa que generan impactos inconmensurables y muchas veces imprevistos: aquellos a los que la ley y el magistrado pretendían "proteger" acaban siendo los más perjudicados, por no hablar de los efectos nocivos sobre la sociedad en su conjunto. Por lo tanto, es necesario abandonar el discurso moralista y dogmático basado únicamente en la buena fe y las buenas intenciones. Hay que evaluar con urgencia y seriedad estas consecuencias de forma objetiva, empírica y sistémica. No basta con que las normas jurídicas y las decisiones judiciales se basen en principios nobles; sus efectos a largo plazo y generales *deben ser* efectivamente positivos en su totalidad (a menudo, incluso el efecto más inmediato es negativo).

La cuestión es: ¿qué queremos realmente para Brasil? ¿Optamos por mirar sólo la belleza de las normas jurídicas? ¿O evaluar los impactos reales para nuestros trabajadores, nuestros ciudadanos y nuestra sociedad como un todo en busca de mejores resultados sociales para todos? Parece que un poco más de consecuencialismo en las decisiones judiciales y en las normas jurídicas conduce más rápidamente y con mayor certeza a este segundo resultado.

Referencias

Aaron, H. (1994). Distinguished Lecture on Economics in Government: Public Policy, Values, and Consciousness. *The Journal of Economic Perspectives,* 8(2), 3–21. http://www.jstor.org/stable/2138534

Ackerman, B. (1984). Reconstructing american law, *Yale University Press,* New Raven.

Ackerman, B. (1986). Law, Economics, and the Problem of Legal Culture. En: *Duke Law Journal,* 6: 929-47.

Adler, M. (2012). *Well-Being and Fair Distribution: Beyond Cost-Benefit Analysis.* Oxford University Press.

Aimone Gibson, E. (2013). *Protección de derechos del consumidor,* Legal Publishing y Thomson Reuters, C y C Impresores San Francisco, Santiago de Chile.

Akerlof, G. y Schiller, R. (2015). *Phishing for phools: The economics of manipulation y deception,* Princeton, Princeton University Press.

Alarcón, A. (2016). "La libre competencia económica en el derecho colombiano: una revisión desde la economía social de mercado y sus implicaciones normativas". Revista Prolegómenos Derechos y Valores, 19 (37), 109 124. DOI: http://dx.doi.org/10.18359/prole.1683

Alessandri, A. (2010). *La Nulidad y la Rescisión en el Derecho Civil Chileno (Tomo I).* https://vlex.cl/source/nulidad-rescision-derecho-civil-chileno-tomo-i-5813

Ángel. P y Estrada, L. (2011). "La protección del derecho a la libre competencia mediante la acción de grupo: una lección aún por aprender". Revista de Derecho Privado, (45), Universidad de los Andes. https://www.redalyc.org/pdf/3600/360033194012.pdf.

Arguelhes, D. (2005). Argumentación consecuencialista y Estado de Derecho: Subsidios a la compatibilización. *Ponencia presentada en el XIV Encuentro Nacional de CONPEDI,* pp.1-20.

Aristóteles. (1962). *Ética a Nicómaco.* Bobbs-Merrill

Arlen, J. (1990). Reconsidering Efficient Tort Rules for Personal Injury: The Case of Single Activity Accidents. *William y Mary Law Review,* 32(41), 41-103. https://scholarship.law.wm.edu/wmlr/vol32/iss1/3

Arlen, J. (1990). Re-examining liability rules when injurers as well as victims suffers losses. *International Review of Law and Economics,* 10(3), 233-239. https://doi.org/10.1016/0144-8188(90)90011-H

Armenteros-Ruiz, T., Benito, L. y López, M. (2023). Influencia de los sesgos del comportamiento en las decisiones de inversión. La importancia de la educación financiera en tiempos de crisis. *Revista Galega De Economía, 32*(1), 1-27. https://doi.org/10.15304/rge.32.1.8190

Ballard, M. (1999). The Clash between Local Courts and Global Economics: The Politics of Judicial Reform in Brazil. Berkeley Journal of International Law, 17(2), 230-76.

Banco Central de Chile (2018-1). *Encuesta Financiera de Hogares (EFH)*[ARCHIVO PDF]. https://www.bcentral.cl/documents/33528/3660586/Documento_de_Resultados_EFH_2017.pdf/e91c98af-3ad6-3a55-6af9-64066065502d?t=1660654669577

Banco Central de Chile. (2018-2). *Cuentas Nacionales Por Sector Institucional. Evolución Del Ahorro, La Inversión Y El Financiamiento Sectorial En El Primer Trimestre De 2018.* https://www.bcentral.cl/contenido/-/detalle/cuentas-nacionales-por-sector-institucional.-evolucion-del-ahorro-la-inversion-y-el-financiamiento-sectorial-en-el-primer-trimestre-de-2018-1

Banco Central de Chile. (2023). *Cuentas Nacionales por Sector Institucional: Evolución del ahorro, la inversión y el financiamiento sectorial en el primer trimestre de 2023* [ARCHIVO PDF]. https://www.bcentral.cl/documents/33528/4305209/CNSI_2023T1.pdf/9f26ecc4-1fb3-7807-852b-f4a826aaf6cf?t=1688588860323

Banco Mundial. (2023). *Chile–Country Partnership Framework for the Period FY24-FY27* (Informe N°18232). https://documents1.worldbank.org/curated/en/099060523092533067/pdf/BOSIB08bf-6ca1d02d0b4410610a16810e43.pdf

Barroso, L. (2012). Constitución, democracia y supremacía judicial: derecho y política en el Brasil contemporáneo. *RFD-Revista da Faculdade de Direito da UERJ* 21, pp.1-50 (2012).

Becker, G. (1996). *Accounting for Tastes. Cambridge.* Harvard University Press.

Bernal-Fandiño, M. (2007). Solidarismo contractual -especial referencia al derecho francés. En: *Revista Vniversitas,* N° 114. Bogotá, julio-diciembre.

Bernheim, B. D., y Stark, O. (1988). Altruism within the Family Reconsidered: Do Nice Guys Finish Last? *The American Economic Review,* 78(5), 1034–1045. http://www.jstor.org/stable/1807164

Bertran, M. "Judicial decision-making based on the New Institutional Economics: The successes and failures of Brazilian judges in the case of the revision of car leasing contracts indexed to the dollar". UC Berkeley: Documentos Anuales de la Asociación Latinoamericana y del Caribe de Derecho y Economía (ALACDE). Fecha de publicación 02 de mayo de

2007. Permalink https://escholarship.org/uc/item/1gd0q280 (consultado el 12 de marzo de 2019).

Bodart, B. (2017). Mundos prometedores sin fondos. *Columna de la ABDE (Asociación Brasileña de Derecho y Ecoeconomía),* JOTA, 02 de marzo de 2017. Disponible en https://www.jota.info/opiniao-e-analise/colunas/coluna-da-abde/prometendo-mundos-sem-fundos-02032017 (consultado el 11 de agosto de 2018).

Braun, C. y Malloy R. (1995). *Law and Economics: New and Critical Perspectives.* Peter Lang Inc., International Academic Publishers.

Bullard González, A. (2012). La economía de los contratos. En: Cooter y Acciarri (directores), *Introducción al análisis económico del Derecho,* Civitas, Thomson Reuters, pp. 45-120.

Cabanellas, G. (2005). Derecho antimonopólico y de defensa de la Competencia. (2da ed.). Heliasta.

Calabresi, G. (1985). *Ideals, Beliefs, Attitudes, and the Law: Private Law Perspectives on a Public Law Problem.* Syracuse University Press

Calabresi, G. (1991). The Pointlessness of Pareto: Carrying Coase Further. En: *The Yale Law Journal,* Vol. 100, No. 5, Centennial Issue (Mar.)

Calabresi, G. (2016). *The future of Law and economics: Essays in reform and recollection.* Yale University Press

Calabresi, G. y Melamed, D (1972). Property Rules, Liability rules, and Inalienability: one View of the Cathedral", en: *Harvard Law Review* 85 (1972), pp. 1089-1128 (ver versión traducida en: CALABRESI, Guido, y MELAMED, A. Douglas, Reglas de propiedad, reglas de responsabilidad y de inalienabilidad: una vista de la catedral, en: Estudios Públicos N° 63, Invierno, 1996).

Cernat, L. (2004). The role of competition in the promotion of competitiveness and development: Experiences from a sample of developing and least developed countries. Trade and Competition Policy https://www.researchgate.net/profile/Lucian-Cernat/publication/241489413_The_role_of_competition_in_the_promotion_of_competitiveness_and_development_Experiences_from_a_sample_of_developing_and_least_developed_countries/li nks/53d134f80cf2a7fbb2e6329a/The-role-of-competition-in-the-promotion-of-competitiveness-and-development-Experiences-from-a-sample-of-developing-and-least-developed-countries.pdf

Chamie, J. (2008). "Equilibrio contractual y cooperación entre las partes: El deber de revisión del contrato", en: *Revista de Derecho Privado* n°14, pp. 113-138.

COURDIER-CUISINIER, Anne Sylvie (2006). *Le solidarisme contractual*, Paris: Éditeur Litec.

Chong, D. (1991). *Collective Action and the Civil Rights Movement.* University of Chicago Press.

Coase, R. (1960). El problema del coste social. *The Journal of Law and Economics, 3*, 1-44.

Cooter, R. (1995). Law and Unified Social Theory. *Journal of Law and Society*, 22(1), 50–67. https://doi.org/10.2307/1410702

Cooter, R. (1996). Decentralized Law for a Complex Economy: The Structural Approach to Adjudicating the New Law Merchant. *University of Pennsylvania Law Review*, 144(5), 1643-1696. https://scholarship.law.upenn.edu/penn_law_review/vol144/iss5/1

Cooter, R. (1998). Expressive Law and Economics. *The Journal of Legal Studies*, 27(2), 585-608. http://dx.doi.org/10.1086/468036

Cooter, R. D. (1998). Models of Morality in Law and Economics: Self-Control and Self-Improvement for the "Bad Man" of Holmes. *Boston University Law Review*, 78, 903-930. https://lawcat.berkeley.edu/record/1116431/files/fulltext.pdf

Cooter, R. y Porat, A. (2000). Does Risk to Oneself Increase the Care Owed to Others? Law and Economics in Conflict. *The Journal of Legal Studies*, 29(1), 19–34. https://doi.org/10.1086/468062

Cooter, R., y Porat, A. (2001). Should Courts Deduct Nonlegal Sanctions from Damages? *The Journal of Legal Studies*, 30(2), 401–422. https://doi.org/10.1086/322058

Corte Suprema de Chile. (2022). *Demanda civil por infracción a normas de la Ley del Consumidor cuando se persigue el interés individual, es competencia del Juzgado de Policía Local.* https://www.diarioconstitucional.cl/2022/05/25/demanda-civil-por-infraccion-a-normas-de-la-ley-del-consumidor-cuando-se-persigue-el-interes-individual-es-competencia-del-juzgado-de-policia-local/

Dau-Schmidt, K. (1990). An Economic Analysis of the Criminal Law as a Preference-Shaping Policy. *Duke Law Journal*, 1990(1), 1–38. https://doi.org/10.2307/1372651

De La Calle, J. (s.f). Abogacía de la Competencia: La nueva tarea de la Superintendencia de la Industria y Comercio. https://www.researchgate.net/publication/254400026_Abogacia_de_la_competencia_La_nueva_tarea_de_la_Superintendencia_de_Industria_y_Comercio

Diamond, P. (1974). Single Activity Accidents. *The Journal of Legal Studies*, 3(1), 107–164. http://www.jstor.org/stable/724123

Dixit, A., y Norman, V. (1978). Advertising and Welfare. *The Bell Journal of Economics,* 9(1), 1–17. https://doi.org/10.2307/3003609

Dolinko, D. (2002). Review Essay: The Perils of Welfare Economics. *Northwestern University Law Review,* 97(1), 351-393.

Donohue, J. (1989). Prohibiting Sex Discrimination in the Workplace: An Economic Perspective. *The University of Chicago Law Review,* 56(4), 1337–1368. https://doi.org/10.2307/1599677

Elster, J. (1983). *Sour Grapes: Studies in the Subversion of Rationality.* Cambridge University Press.

Flores, V. (2014). El Principio de celeridad en los jueces de la niñez y adolescencia y sus efectos jurídicos en el juicio de alimento. Universidad Autónoma de Los Andes.

Fried, C. (1996), *La obligación contractual,* Santiago, Editorial Jurídica de Chile.

Friedman, D. (1988). Does Altruism Produce Efficient Outcomes? Marshall versus Kaldor. *The Journal of Legal Studies, University of Chicago Press,* 17(1), 1-13. https://digitalcommons.law.scu.edu/facpubs/562

Fundación Generación Empresarial. (2018). ¿Qué es la libre competencia y por qué es importante? https://www.youtube.com/watch?v=4lEzn6FJmvM

Gandulfo, E. (2009). Sobre Preclusiones procesales en el Derecho Chileno en tiempo de Reformas. Ensayo de una Teoría General desde un Enfoque Valorativo Jurídico. En IUS et Praxis, V 15, N° 1, Talca.

Gauthier, D. (1967). Morality and Advantage. *The Philosophical Review,* 76(4), 460-475 (1967). https://doi.org/10.2307/2183283

Gersen, J. y Vermeule, A. (2016). "Thin rationality review", en: *Michigan Law Review,* June, Vol. 114, No. 8 (June 2016), pp. 1355-1412.

Gobierno de Chile. (2023). *Mensaje De S.E. El Presidente De La República Con El Que Inicia Un Proyecto De Ley Para Mejorar La Protección De Los Derechos De Las Personas Consumidoras En El Ámbito De Sus Intereses Individuales Fortaleciendo Al Servicio Nacional Del Consumidor, Y Establece Otras Modificaciones Que Indica* [ARCHIVO PDF]. https://www.sernac.cl/portal/604/articles-76925_recurso_8.pdf

Gómez Rafael, Eyzaguirre Gonzalo, El Derecho de Quiebras, Santiago, Editorial Jurídica de Chile, 2011.

Grez, P. (2012). *Inexistencia y Nulidad en el Código Civil Chileno: Teoría bimembre de la nulidad.* https://vlex.cl/source/inexistencia-nulidad-codigo-civil-chileno-teoria-bimembre-nulidad-6191

Guerra, L. (2012). "Los Precios Predatorios como uno de los casos de abuso de la Posición Dominante en el Mercado". http://repositorio.puce.edu.ec/bitstream/handle/22000/5388/T-PUCE-5615.pdf?sequence=1

Hahnel, R. y Albert, M. (1990). *Quiet Revolution in Welfare Economics.* Princeton Legacy Library.

Hamilton, A., Madison, J. y Jay, J. (2015). *El Federalista.* Ediciones AKAL.

Harsanyi, J. (1988). Problems with act-utilitarianism and with malevolent preferences.

Harsanyi, J. (1997). Rule Utilitarianism and Decision Theory. *Erkenntnis,* 11(1), 25–53. http://www.jstor.org/stable/20010532

Hayashi, A. (2022). The Law and Economics of Animus. *University of Chicago Law Review,* 89(3), 581-648. https://chicagounbound.uchicago.edu/uclrev/vol89/iss3/1

Henao Correa, C. (2023). "Dilemas constitucionales alrededor de la libre competencia económica". Blog Revista Derecho del Estado. Universidad Externado de Colombia. https://blogrevistaderechoestado.uexternado.edu.co/2023/04/17/dilemas-constitucionales-alrededor-de-la-libre-competencia-economica/

Hernández, M. (2015). El consumidor vulnerable. Ediciones Reus S.A.

Hirschman, A. (1986). *Rival Views of Market Society: And Other Recent Essays.* Viking.

Irarrázabal, F. (2010). El Sistema Chileno de Defensa de la Libre Competencia. Fiscalía Nacional Económica. https://www.fne.gob.cl/wp-content/uploads/2011/05/OTRO_0001_2010.pdf

Isler Soto, E. (2019), *Derecho del consumo. Nociones fundamentales,* Tirant Lo Blanch, Valencia, España.

Kahneman, D, Knetsch, J, y Thaler, R. (1991). "Anomalies: The endowment effect, loss aversion, and status quo bias", en: *Journal of Economic Perspectives,* 5(1), pp. 193-206.

Kahneman, D. (2003). Maps of Bounded Rationality: Psychology for Behavioral Economics. *The American Economic Review,* 93(5), 1449–1475. http://www.jstor.org/stable/3132137

Kaplow, L. (1995). A Note on Subsidizing Gifts. *Journal of Public Economics,* 58(3), 469-477. https://doi.org/10.1016/0047-2727(95)01482-H

Kaplow, L. y Shavell, S. (2003). Fairness Versus Welfare: Notes on the Pareto Principle, Preferences, and Distributive Justice. *Harvard Law School.* http://dx.doi.org/10.2139/ssrn.391060

Kaplow, L. y Shavell, S. (2003). Fairness Versus Welfare: Notes on the Pareto Principle, Preferences, and Distributive Justice. *The Journal of Legal Studies*, 32(1), 331-362. https://doi.org/10.1086/345679

Kessler, F., Konman, A. y Gilmore, G. (1986), *Contracts: Cases and Materials* (Caseboo) 3rd (third), Grant published by Aspen Publishers.

Khalil, E. (1999). Sentimental fools: a critique of Amartya Sen's notion of commitment, *Journal of Economic Behavior y Organization*, 40(4), 373-386. https://doi.org/10.1016/S0167-2681(99)00060-8

Kirchner, Christian, (1991), "The Difficult Reception of Law and Economics in Germany", en: *International Review of Law and Economics*, 11.

Kronman, Anthony T. (1978), "Mistake, Disclosure, Information, and the Law of Contracts, en: *Journal Articles Faculty Scholarship*, University of Chicago Law School, pp. 1-34.

Labbé, F. (2022). Libre Competencia y Economía en la Constitución. Columna de opinión. https://derecho.udd.cl/cdre/2022/01/07/libre-competencia-y-economia-en-la-constitucion-por-francisca-labbe/

Castelar Pinheiro, A. (2000). *Judiciário e economia no Brasil*. Sumaré.

Lehuedé, J. (2020). *ARBITRAJE DE CONSUMO. Revisión crítica del sistema chileno desde una perspectiva comparada*. Tirant Lo Blanch.

León, C. (s.f.). *Análisis Jurisprudencial: Corte Suprema y requisitos título ejecutivo*. https://reformasalajusticia.uc.cl/analisis-jurisprudencial/14-corte-suprema-y-requisitos-titulo-ejecutivo

Lewinsohn-Zamir, D. (2003). The Objectivity of Well-Being and the Objectives of Property Law. *New York University Law Review*, 78(5), 1669-1754. https://ssrn.com/abstract=1103579

López Díaz, Patricia Verónica (2015), "El principio de equilibrio contractual en el Código Civil chileno y su particular importancia como fundamento de algunas instituciones del moderno derecho de las obligaciones en la dogmática nacional", en: *Revista chilena de Derecho Privado*, n.25, pp. 115-181.

López, J. [Juan Pablo López]. (2023, octubre). *¿Sabes qué es consumidor Hipervulnerable?* [LinkedIn]. https://es.linkedin.com/posts/juanp1203_sabes-qu%C3%A9-es-consumidor-hipervulnerable-activity-7122367637749161985—mDp

López, V. (2022, agosto). El consumidor hipervulnerable como débil jurídico en el derecho chileno: Una taxonomía y alcance de la tutela aplicable. *Latin american legal studies*. 10 (2). https://www.scielo.cl/scielo.php?script=sci_arttextypid=S0719-91122022000200340

Marshall, A. (2014). *Principles of Economics*. Palgrave MacMillan.

McAdams, R. (1992). Relative Preferences. *Yale Law Journal,* 102(1), 1-104. https://chicagounbound.uchicago.edu/journal_articles/1647/

McAdams, R. (2015). *The Expressive Powers of Law: Theories and Limits.* Harvard University Press.

Molina Rodríguez, Crescente (2019), "El valor de la obligación contractual", en: PEREIRA (editor), *Fundamentos filosóficos del Derecho civil chileno,* Rubicón editores.

Noveck, B. (2022). Cómo resolver problemas públicos: Una guía para arreglar el gobierno y cambiar el mundo. Galaxia Gutenberg S.L.

Organización de Estados Americanos. [OEA]. (*sf*). Actualidad en materia de consumo y entorno digitales: Fortalezas y debilidades. https://siar.sic.gov.co/siar_prd/documentos/application319_20220125083741Actualidad%20en%20materia%20de%20consumo%20y%20entornos%20digitales%20-%20fortalezas%20y%20debilidades.pdf

Pacheco, L. (2023). Procedimientos de consumo – Acciones jurisdiccionales. Una mirada especial a la acción de protección al consumidor. En: Villalba, J. y Gual, J. (Eds.), *Actualidad y futuro del derecho del consumo: Reflexiones a propósito de los diez años de vigencia de la Ley 1480 de 2011* (pp. 241 – 285). Editorial Ibañez.

Papayannis, Diego (2006), "El valor de la teoría consensual del contrato", en: *Lecciones y ensayos,* No. 82, pp. 107-123.

Pargendler, M. y Meyerhof, B. (2015). Law and Economics in the Civil Law World: The Case of Brazilian Courts. *Tulane Law Review,* 90, 430-470. http://dx.doi.org/10.2139/ssrn.2580490

Pargendler, Mariana; SALAMA, Bruno M. "Direito e consequência no Brasil: em busca de um discurso sobre o método", RDA Revista de Direito Administrativo, Rio de Janeiro, v. 262, p. 95-144, jan./abr. (2013).

Peña, M. y Martínez, J. (2018). Los derechos de los consumidores y usuarios en el constitucionalismo económico: Una breve revisión a las constituciones iberoamericanas. En: Ortega, J., Martínez, J. y Osorio, G (Eds.), *Derecho del consumo: Tras un lustro del Estatuto del Consumidor en Colombia* (pp. 1 – 14). Editorial Temis.

Pereira, Esteban (2019), Muerte del contrato, en: PEREIRA (editor), *Fundamentos filosóficos del Derecho civil chileno,* Rubicón Editores, Santiago de Chile, pp. 261-305.

Pinkas Flint, "Tratado de Defensa de la Libre Competencia", Estudio Exegético del Decreto Legislativo 701, Fondo Editorial Pontificia Universidad Católica del Perú, Primera Edición, Lima 2002 pág. 23.

Posner, R. (1997). Social Norms and the Law: An Economic Approach. *The American Economic Review*, 87(2), 365–369. http://www.jstor.org/stable/2950947

Posner, R. (2008). *How Judges Think*. Harvard University Press.

Posner, Richard (1989), "The best right laws: value foundation of the economic análisis of law", *Notre Dame Law Review*, vol. 64, num. 5, pp. 817-837.

Posner, Richard A. "El pragmatismo jurídico defendido". *The University of Chicago Law Review*, Vol. 71, No. 2 (Primavera), pp. 683-690 (2004).

Prado López, Pamela (2015), *La colaboración del acreedor en los contratos civiles*, Legal Publishing y Thomson Reuters.

Prado López, Pamela (2016), "La inobservancia al deber de colaboración del acreedor en el derecho chileno: un caso de incumplimiento contractual", en: *Rev. Derecho* (Valdivia), vol.29, n.2, pp. 59-83.

Prado Puga Arturo «Síntesis de la Legislación de Quiebras en Chile». (Comunicación presentada en la "Conferencia del Profesor Titular de la Facultad de Derechos de la Universidad de Chile, don Arturo Prado Puga, Mérida, México, 08 de Noviembre de 2006). https://www.institutoiberoamericanoderechoconcursal.org/images/doctrina/documentos/Sintesis_Legislacion_Quiebras_Chile.pdf

Pritchett, C. (1968). Public Law and Judicial Behavior. *The Journal of Politics*, 30(2), 480 509. https://doi.org/10.2307/2128450

Puga, Juan. Derecho Concursal, Del Procedimiento Concursal de Liquidación, Ley N° 20.720, 4° edición, Santiago, Editorial Jurídica de Chile, 2014.

Rezende, Christiane L. y Zylbersztajn, D. (2011). Incumplimientos contractuales y dispersión de sentencias. *Revista Direito GV* 7, nº 1: pp. 155-175.

Riesco, R. (2021) "FNE y la próxima constitución: se debe preservar "la independencia y el carácter técnico de las autoridades de competencia". Diario Financiero. https://www.df.cl/empresas/industria/fne-y-la-proxima-constitucion-se-debe-preservar-la-independencia-y-el.

Ripol Carulla, Ignacio. «Venta de unidad productiva y consecución de la finalidad del concurso». Revista de Derecho Concursal y Paraconcursal, N° 10 (2013): 359-374.

Rödl, Florian (2013), "Contractual freedom, contractual justice, and contract law", en: *Law and Contemporary Problems*, 2013, Vol. 76, No. 2, The Public Dimension of Contract: Contractual Pluralism Beyond Privity, Duke University School of Law, pp. 57-70.

Rosende, H. (2015), "Principios que rigen el Libro Primero del Código Civil, la Ley de Matrimonio Civil y los regímenes matrimoniales, y el Libro

Segundo del Código Civil", en: *Revista Actualidad Jurídica* N° 31, enero, Universidad del Desarrollo, pp. 81-98.

Rusconi, D. (2020, junio 13). ¿Hipervulnerable mata a consumidor? *Palabras del Derecho.* https://palabrasdelderecho.com.ar/articulo/1541/%EF%BF%BDHipervulnerable-mata-a-consumidor-

Sarmento, D. (2009). *Filosofia e teoria constitucional contemporânea.* Lumen Juris.

Schwartz, Alan (2015), "Regulating for Rationality", en: *Stanford Law Review*, Vol. 67, No. 6.

Seanor, D. y Fotion, N (1988). *Hare and Critics: Essays on "Moral Thinking".* Clarendon Press.

Sen, A. (1985). Goals, Commitment, and Identity. *The Journal of Law, Economics, and Organization,* 1(2), 341-355. https://doi.org/10.1093/oxfordjournals.jleo.a036895

Sen, A. (1997). Rational Fools: A Critique of the Behavioral Foundations of Economic Theory. *Philosophy y Public Affairs,* 6(4), 317–344. http://www.jstor.org/stable/2264946

Sen, A. (2005). Why Exactly is Commitment Important for Rationality? *Economics y Philosophy,* 21(1), 5-14. https://doi.org/10.1017/S0266267104000355

Senado de Chile. (s.f.). *Informe sobre Prescripción de la Acción Ejecutiva y Renovación de la Acción Ejecutiva* [ARCHIVO PDF]. https://www.senado.cl/appsenado/index.php?mo=transparenciayac=doctoInformeAsesoriayid=3676

Servicio Nacional del Consumidor. (s.f.1). *SERNAC: funciones, ámbitos de actuación y acciones colectivas.* https://www.sernac.cl/portal/617/w3-propertyvalue-8320.html

Servicio Nacional del Consumidor. (s.f.2). *Consultas y reclamos.* https://www.sernac.cl/portal/617/w3-propertyvalue-64529.html

Shavell, S. (1980). Strict Liability versus Negligence. *The Journal of Legal Studies,* 9(1), 1–25. http://www.jstor.org/stable/724036

SHERWOOD, R. (2004). Judicial Performance: Its Economic Impact in Seven Countries. *Ponencia presentada en la 8th Conferencia Anual de la International Society for New Institutional Economics (ISNIE),* Tucson, EE.UU.

Singer, J. (2008). Normative Methods for Lawyers. *UCLA Law Review,* 56(4), 899-982. https://www.uclalawreview.org/normative-methods-for-lawyers/

Stammler, Rudolf (2006), *La génesis del Derecho* (traducción del alemán por Wenceslao Roces Suárez y edición al cuidado de José Luis Monereo Pérez), Comares, Granada.

Stewart, R. (1983). Regulation in a Liberal State: The Role of Non-Commodity Values. *Yale Law Journal*, 92(8), 1537-1590. http://hdl.handle.net/20.500.13051/16222

Stigler, G. (1974). The Optimum Enforcement of Laws. *Journal of Political Economy*, 78(3), 526-536. https://doi.org/10.1086/259646

Sunstein, C. (1986). Legal Interference with Private Preferences. *University of Chicago Law Review*, 53(4), 1129-1174. http://dx.doi.org/10.2139/ssrn.3462594

Sunstein, C. (1990). *After the Rights Revolution: Reconceiving the Regulation State*. Harvard University Press.

Sunstein, C. (1996). On the Expressive Function of Law. *University of Pennsylvania Law Review* 144(5), 2021-2053. https://doi.org/10.2307/3312647

Sunstein, Cass R. "Political equality and unintended consequences". *Columbia Law Review* 94, nº 4: pp. 1390-1414 (1994).

Superintendencia de Competencia Económica. (2016). Definiciones sobre la competencia. https://www.scpm.gob.ec/sitio/hablemos-de-competencia-seccion/

Superintendencia de Competencia Económica. (s.f). ¿Qué es Abogacía de la Competencia? https://www.scpm.gob.ec/sitio/que-es-abogacia-de-la-competencia/

Superintendencia de Industria y Comercia (2023). Abogacía de la Competencia. https://www.sic.gov.co/funcion-de-abogacia-de-la-competencia-

Superintendencia de Industria y Comercio. [SIC]. (*sf*). Protección del Consumidor en Colombia: Una aproximación desde las competencias de la Superintendencia de Industria y Comercio. Ministerio de Comercio, Industria y Turismo.

Superintendencia de Insolvencia y Reemprendimiento. (2023). *Boletín Estadístico Mensual- Octubre 2023* [ARCHIVO PDF]. https://www.superir.gob.cl/wp-content/uploads/2023/11/Boletin-Estadistico-Mensual-Octubre-2023.pdf

Superintendencia de Insolvencia y Reemprendimiento; https://www.superir.gob.cl/bibliotecadigital/publicaciones/estudios/

Ullmann-Margalit, E. (1977). *The Emergence of Norms*. Oxford University Press.

Valdés Fuentealba P., Lagos Pacheco., J., "Derecho Concursal Chileno, Análisis de la ley N° 20.720, de insolvencia y reemprendimiento, Tirant Lo Blanch, Valencia. 2012.

Valencia, D., Jiménez, E., Osorio, M., y Sierra, M. (2023). Educación Financiera como generador de Inclusión Financieraa. *Revista Ibérica De Siste-*

mas e Tecnologías De Informação, 155-168. https://www.proquest.com/scholarly-journals/educación-financiera-como-generador-de-inclusión/docview/2828430774/se-2

Velandia, M. (2011). Derecho de la Competencia y del Consumo: Competencia desleal, abuso de la posición de dominio, carteles restrictivos, actos restrictivos, integraciones económicas y protección al consumidor. Universidad Externado de Colombia.

Vera, F. "El Análisis Económico de la Propiedad". *En* TIMM, Luciano B. (org.) *Direito e Economia no Brasil.* São Paulo: Ed. Atlas (2012).

Weder, B. (1995). Legal Systems and Economic Performance: The Empirical Evidence. En Rowat, M. *et al. Judicial Reform in Latin America and the Caribbean–Proceedings of a World Bank Conference. Documento Técnico del Banco Mundial Número 280.* Washington DC: Banco Mundial.

Weinrib, E. (2012). *The idea of Private Law.* Oxford University Press.

Weisbrod, B. (1977). Comparing Utility Functions in Efficiency Terms or, What Kind of Utility Functions Do We Want? *The American Economic Review,* 67(5), 991–995. http://www.jstor.org/stable/1828083

Williamson, O. (1979), "Transaction-Cost Economics: The Governance of Contractual Relations", en: *The Journal of Law y Economics,* Vol. 22, No. 2, oct., pp. 233-261.

Yeung, L. "Cómo deciden los jueces sobre la subcontratación laboral en Brasil". *Documento de trabajo* (2016) (Disponible en https://works.bepress.com/luciana_yeung/15/).

Yeung, L. "Sesgo, inseguridad y nivel de confianza en el poder judicial: el caso de Brasil". *Journal of Institutional Economics,* v. 15, n. 1: pp. 163-188 (2019).

Zhe Jin, G. y Wagman, L. (2020, abril 13). Big data at the crossroads of antitrust and consumer protection. *Information Economics and Policy.* 54. https://www.sciencedirect.com/science/article/abs/pii/S0167624520300792

Normativa y jurisprudencia:

Constitución Política de 1991, Gaceta Constitucional No. 114, 7 de julio de 1991, (Colombia).

Decreto 3 de 2019 [con fuerza de ley]. Fija el texto refundido, coordinado y sistematizado de la Ley N° 19.496, que establece normas sobre protección de los derechos de los consumidores. 13 de septiembre de 2019. D.O. No. 42966.

Decreto 3466 de 1982. Por el cual se dictan normas relativas a la idoneidad, la calidad, las garantías, las marcas, las leyendas, las propagandas y la fijación pública de precios de bienes y servicios, la responsabilidad de sus productores, expendedores y proveedores, y se dictan otras disposiciones. 03 de diciembre de 1982. D.O. No. 36.143. (Colombia).

Decreto 43 de 2012 [Ministerio de Economía]. Aprueba reglamento sobre información al consumidor de créditos de consumo. 14 de marzo de 2012.

Decreto 84 de 2022 [Ministerio de Economía, Fomento y Turismo]. Aprueba reglamento que regula la mediación, conciliación y arbitraje en materias de consumo, de conformidad con lo dispuesto por la ley 19.496, sobre protección de los derechos de los consumidores. 1 de septiembre de 2022.

Historia de la Ley N.° 20.720, Primer Trámite Constitucional: Senado, Mensaje N.° 081-360, de 15 de mayo de 2012. www.bcn.cl

Ley 1480 de 2011. Por medio de la cual se expide el Estatuto del Consumidor y se dictan otras disposiciones. 12 de octubre de 2011. D.O. No. 48220. (Colombia).

Ley 155 de 1959. Por la cual se dictan algunas disposiciones sobre prácticas comerciales restrictivas. 22 de enero de 1960. D.O. No. 30.138. (Colombia).

Ley 19.496 de 1997. Establece normas sobre protección de los derechos de los consumidores. 07 de marzo de 1997. D.O. No. 35710.

Ley 20.720 de 2014. Sustituye el régimen concursal vigente por una ley de reorganización y liquidación de empresas y personas, y perfecciona el rol de la superintendencia del ramo. 30 de diciembre de 2013. D.O. No. 40752.

Ley 20555 de 2011. Modifica Ley N°19.496, Sobre Protección de los Derechos de los Consumidores, para dotar de atribuciones en materias financieras, entre otras, al Servicio Nacional del Consumidor. 28 de noviembre de 2011. D.O. No. 40127.

Ley 21.398 de 2021. Establece medidas para incentivar la protección de los derechos de los consumidores. 24 de diciembre de 2021. D.O. No. 43136.

Ley 73 de 1981. Por la cual el Estado interviene en la distribución de bienes y servicios para la defensa del consumidor, y se conceden unas facultades extraordinarias. 15 de diciembre de 1981. D.O. No. 35904. (Colombia).

Resolución Exenta No. 1038 de 2021 [Servicio Nacional del Consumidor]. Aprueba circular interpretativa sobre noción de consumidor hipervulnerable. 31 de diciembre de 2021.

Tribunal Constitucional, Sentencia Rol N° 3123-16, de 29 de junio de 2017.

Semblanzas

DEL EDITOR

RUBÉN C. B. MÉNDEZ REÁTEGUI

Profesor Investigador de Derecho en la Universidad Autónoma de Chile. ORCID: 0000-0001-8702-5021. Identificador Scopus: 57439724600. Identificador Web of Science (WOS): AAT-2990-2021. Correo electrónico: ruben.mendez@uautonoma.cl

DE LOS COORDINADORES

PABLO J. CARRIÓN CARRIÓN

Profesor en la Universidad Católica de Santiago de Guayaquil y en distintas universidades y cátedras de Derecho en el Ecuador. ORCID: 0000-0002-4208-1764 Correo electrónico: pablo.carrion01@cu.ucsg.edu.ec.

JUAN MARTIN MORANDO

Profesor Investigador de la Universidad de Palermo. ORCID: 0000-0002-5678-6079. Correo_electrónico: jmoran4@palermo.edu.

CARLOS ANDRÉS URIBE PIEDRAHÍTA

Profesor Investigador y Director del Departamento de Derecho Económico de la Pontificia Universidad Javeriana Cali. ORCID: 0000-0003-2287-3606. Correo electrónico: uribecarlos@javeriana.edu.co.

DE LAS/LOS AUTORAS/ES

RODRIGO BARCIA LEHMANN

Profesor Titular y Decano de la Facultad de Derecho de la Universidad Autónoma de Chile. Abogado; Universidad Central de Chile, Diplomado en economía abogados (Facultad de Ciencias Económicas y administrativas, Universidad de

Chile); MBA en Economía y Dirección Internacional de la Empresa, Instituto Carlos V (Universidad Autónoma de Madrid); Magíster "European Master in Law and Economics" (Erasmus Programme, Universidad de Hamburgo y U Complutense de Madrid, UCM) y Doctor en Derecho Civil, Departamento de Derecho Civil, UCM. , (2002). Tiene múltiples publicaciones en revistas científicas y varios libros de especialidad, tanto nacionales, como internacionales. Como investigador ha trabajado y dirigido varios fondos de investigación en Derecho de familia, bienes, Derecho sucesorio y transgénicos. También ha participado como expositor en diversos seminarios y conferencias tanto en Chile, como en el extranjero, en el área de contratos, derecho de familia y análisis económico del Derecho. Asimismo, se ha desempeñado como abogado integrante de Ilustre Corte de Apelaciones de Talca y de Santiago. ORCID: 0000-0003-1021-446X. Correo electrónico: rodrigo.barcia@cloud.uautonoma.cl.

CAMILA BATALLAS CÓRDOVA

Integrante del equipo de TOBAR ZVS Abogados. Correo electrónico: SCBATALLAS@puce.edu.ec.

MABEL CANDANO PÉREZ

Profesora de Derecho Comercial y Económico de la Universidad Autónoma de Chile. Dra. en Derecho de la Universidad de Los Andes, Chile. ORCID: 0000-0002-1406-5134. Correo electrónico: mabel.candano@cloud.uautonoma.cl.

MICHAEL D. GILBERT

Profesor de Derecho Bicentenario Martha Lubin Karsh y Bruce A. Karsh, Universidad de Virginia. Vicedecano de la Facultad de Derecho de la Universidad de Virginia. Imparte cursos sobre derecho electoral, legislación y derecho y economía, y su investigación actual se centra en la desinformación, la corrupción y el papel de las preferencias "prosociales", como la empatía en el derecho. En. Su investigación ha aparecido en múltiples revistas jurídicas, revistas revisadas por pares y volúmenes editados, y ha dado conferencias en los Estados Unidos y en todo el mundo. Integrante del Laboratorio de Corrupción para Ética, Responsabilidad y Estado de Derecho de Democracy Initiative. Profesor visitante de la Universidad Panthéon-Assas de París y de la Universidad Torcuato di Tella de Buenos Aires. Ganador del Premio a la Enseñanza Universitaria de la Universidad de Virginia y el Premio a la Enseñanza Distinguida del Consejo Estudiantil. Fue el director inaugural del Centro de Derecho Público y Economía Política de la Facultad de Derecho de la Universidad de Virginia. Trabajó como secretario del juez William A. Fletcher en la Corte de Apelaciones del Noveno Circuito de los Estados Unidos. Recibió su J.D. y Ph.D. de la Universidad de California, Berkeley, donde se desempeñó como editor en la California Law Review y recibió múltiples distinciones, incluidas la beca Olin en Derecho y Economía y la beca de la Fundación Nacional de Ciencias. ORCID: 0000-0002-0134-5663. Correo electrónico: mgilbert@law.virginia.edu

ANDREW T. HAYASHI

Nancy L. Buc '69 Profesor investigador en Democracia y Equidad. Experto en derecho tributario, política tributaria y derecho y economía del comportamiento. Se incorporó a la Facultad de Derecho de la Universidad de Virginia en julio de 2013. Miembro distinguido de McDonald en el Centro para el Estudio de Derecho y Religión de la Universidad Emory. Anteriormente, fue investigador asociado de Nourallah Elghanayan en el Centro Furman de Política Inmobiliaria y Urbana de la Universidad de Nueva York, donde su investigación se centró en los efectos de la política fiscal en los mercados inmobiliario e inmobiliario. Antes de unirse al Centro Furman, ejerció el derecho tributario como asociado en Davis Polk y Wardwell. Recibió una licenciatura en servicio exterior, magna cum laude, en filosofía y economía internacional de la Universidad de Georgetown en 2002. Al año siguiente, obtuvo una maestría en economía y filosofía de la London School of Economics. Se licenció en Derecho, por la Orden de la Cofia, y se doctoró en economía por la Universidad de California, Berkeley, en 2008. En Berkeley, fue becario de posgrado de la Fundación Jack Kent Cooke, becario de Derecho y Economía de Berkeley y recibió financiación de la Fundación Russell Sage y el Instituto Pell para el Estudio de las Oportunidades en la Educación Superior. ORCID: 0000-0003-1784-8158. Correo electrónico: ath9f@virginia.edu.

LAURA CATHERINE IBARRA

Abogada de la Universidad de Nariño, especialista en Derecho de la Competencia y Protección al Consumidor de la Universidad Sergio Arboleda, Magíster en Derecho de la Universidad Nacional de Colombia – Sede Bogotá. ORCID: 0009-0005-2263-6004. Correo institucional: libarra@unal.edu.co.

RUBÉN C. B. MÉNDEZ REÁTEGUI

Profesor Investigador de Derecho en la Universidad Autónoma de Chile. Doctorado en Economía (Universidad Macquarie y Universidad Complutense de Madrid). Doctorado en Ciencias Sociales (Universidad Rey Juan Carlos de España). Doctor © en Derecho (Universidad de Salamanca). Postdoctorado (2021-2022) – Programa América Latina en el Orden Global del Colegio de América. Universidad Andina Simón Bolívar – Sede Ecuador. Estudios de Posdoctorado (2022 – 2023) en el Área de Gestión, Programa Administración, Política y Sociedad. Universidad Andina Simón Bolívar–Sede Ecuador. ORCID: 0000-0001-8702-5021. Correo electrónico: ruben.mendez@uautonoma.cl.

PATRICIO VALDÉS FUENTEALBA

Académico del área del Derecho Corporativo y director de la Carrera de Derecho de la universidad Autónoma de Chile. Abogado, Magister en Derecho Privado de la universidad del Desarrollo, Máster en Derecho Empresarial de la Universidad Autónoma de Barcelona, Doctorando en Derecho de la Universidad del País Vasco. ORCID: 0009-0008-1407-5691. Correo electrónico: patricio.valdes@uautonoma.cl.

LUCIANA YEUNG LUK TAI

Profesora investigadora del Insper-Brasil. Doctor en Economía por la EESP-FGV, con pasantía en Boalt Hall (Facultad de Derecho) de la Universidad de California, Berkeley; Maestría en Economía Aplicada y Relaciones Industriales de la Universidad de Wisconsin–Madison; Licenciado en Economía por la FEA-USP. Miembro fundador y expresidente (2016) de la Asociación Brasileña de Derecho y Economía (ABDE). Fue Coordinadora de la Licenciatura en Economía del Insper del 2010 al 2018. Como investigadora se dedica al área de Análisis Económico del Derecho (o Derecho y Economía) y Estudios Empíricos en Derecho. Tiene artículos y capítulos en publicaciones nacionales e internacionales, entre ellas: Journal of Institutional Economics, IMA Journal of Management Mathematics, Encyclopedia of Law and Economics (Ed. Springer), Applied Economy, Economic Analysis of Law Review, Revista de Estudos Institucionais, entre muchos otros. Participa en paneles de maestría y doctorado en Derecho en diversas instituciones del país. Es invitada frecuente a conferencias en Escuelas de la Magistratura, Escuelas de Abogados del Estado y cursos de posgrado en Derecho y Economía en diferentes localidades de Brasil. En 2018, fue ponente invitada en la Facultad de Derecho de Harvard, el Tribunal Superior de Justicia (STJ) y las Conferencias Brasileñas de Derecho Procesal. Impartió el Aula Magna de la 1ª promoción del Curso de Especialización en Derecho y Economía de la Universidad Estadual de Campinas (Unicamp). ORCID: 0000-0003-0416-7919. Correo electrónico: lucianay@insper.edu.br.

RONALD THALER TORO HUILCAPÁN

Habilitado en Derecho. Investigador de la Universidad Autónoma de Chile. ORCID: 0009-0005-6436-1643. Correo electrónico: ronald.painen@cloud.uautonoma.cl

GOTTIFREDI POZO | GP | 10 AÑOS

Este libro se comenzó a revisar en el mes de marzo de 2023 y se terminó de aprobar en noviembre de 2023, bajo el sistema de evaluación de pares académicos y mediante la modalidad de *doble ciego con revisores/as externas internacionales*, que garantizó la confidencialidad de autores y árbitros coordinada a través del Instituto de Análisis Económico del Derecho (IAED) de la Universidad de Palermo – Argentina y del Departamento de Derecho Económico de la Universidad de Chile.